费曼学习法

我就是这样考上清华的

写书哥◎著

人民邮电出版社

北　京

图书在版编目（ＣＩＰ）数据

费曼学习法 ： 我就是这样考上清华的 / 写书哥著
. -- 北京 ： 人民邮电出版社，2022.5
ISBN 978-7-115-59026-8

Ⅰ．①费… Ⅱ．①写… Ⅲ．①学习方法－通俗读物
Ⅳ．①G791-49

中国版本图书馆CIP数据核字(2022)第053006号

内 容 提 要

本书致力于让更多学生从费曼学习法中受益。全书共分为8章，既讲述费曼学习法的内涵，也以费曼学习法为核心，结合"缺乏自信与主动性""学习效率低""记忆有难度""考试发挥不好"等学生常见学习问题，面向预习、复习、自学、听课、做题、阅读、写作、记忆、错题梳理、考试等常见场景，给出实用有效的指导，全面提升学生学习效率和成绩。

◆ 著　　　　　写书哥
　　责任编辑　徐竞然
　　责任印制　周昇亮

◆ 人民邮电出版社出版发行　　北京市丰台区成寿寺路 11 号
　　邮编　100164　　电子邮件　315@ptpress.com.cn
　　网址　https://www.ptpress.com.cn
　　天津千鹤文化传播有限公司印刷

◆ 开本：880×1230　1/32
　　印张：6.75　　　　　　　　2022 年 5 月第 1 版
　　字数：162 千字　　　　　　2025 年 8 月天津第 36 次印刷

定价：49.80 元

读者服务热线：(010)81055296　印装质量热线：(010)81055316
反盗版热线：(010)81055315

真正理解一件事的标志是，你能以简单易懂的语言讲明白这件事，让并不熟悉它的人也能理解。掌握费曼学习法，做学习高手。

秋叶品牌创始人　秋叶

智力资源才是最稀缺的资源。一个出生于农民之家的孩子，靠"一己之力"成为清华高材生；一个初出茅庐的大学生，能够在出版界颇有名气；一个新人博主，能在短短一年之内，把自己运营成微博十大影响力教育大 V。写书哥尽情展现了学习能给人带来多大的改变。跟着他学，放心。

新浪微博财经博主　维千金

写书哥的这本书，既讲述了费曼的传奇，深入地阐述了费曼学习法，也讲述了自己的经历，为广大读者揭示了费曼学习法的实际应用场景。在学生时代，写书哥凭借着高效的方法，从"普校普娃"一路"打怪升级"，最终进入清华，是优秀学习方法的实践者；在出版行业繁荣发展的时代，写书哥编辑和出版了大量关于学习的书籍，是优秀学习方法的传播者。这本书是他学习经验和智慧的总结，内容深入浅出、讲解生动有趣，一如他的人和他的微博一样：既平易近人，又总有惊喜。

清华大学博士、新浪微博教育博主 字母哥 T

写书哥以费曼学习法为核心，提供了一套能全面提升学习效率和成绩的技巧。本书堪称"中等生之福"，如果能好好学习应用，可以帮助学生提分不少。我作为家长，已经提前从里面吸收了很多养料教给孩子。如果你也是学生家长，千万不要犹豫，孩子需要这本书！

新浪微博教育博主　爱编程的魏校长

同样听一节课，有的学生吸收了 90%，有的学生吸收了 50%，甚至还有的学生只吸收了 10%，久而久之，"学霸"和"学渣"就区分出来了。

我想，比起天赋、智商这样"虚无缥缈"的东西，真正重要的是学习方法。这项伴随一生的能力，预习要用，听课要用，复习要用，写作业要用，考试要用，工作以后也要用……清华大学高材生写书哥的这本书，从亲身经历讲起，把费曼学习法讲透了，值得一读。

《清华学爸教子经》作者　老温

在我二十多年的学习生涯中，极少遇到真正会自学的人。自学需要非常强大的时间管理能力、情绪管理能力以及各种学习技巧，极少数非常有悟性和有天赋的人，才能在学习过程中慢慢领会出这些能力。

但普通人也不是没有机会，如果被大师级的高手细心教导，大多数人也能学会这些方法。写书哥的这本《费曼学习法》，就是值得普通人好好研读的大师级学习法，哪怕学会其中的一两点，都会对普通人的学习有巨大的帮助。

新浪微博教育博主　别人家的毛毛妈

作为一个计算机程序员，我通常用两个方法来提升个人专业水平：第一是多写程序，积累经验；第二是去程序论坛上回答别人提出的问题，通过教别人来迅速提升自己。而第二点，其实就是费曼学习法的本质：用积极输出带动高效输入。本书详细介绍了费曼学习法及其应用，生动地将费曼学习法融入到现实生活中。绝对值得推荐！

教育部双创优秀导师、橙旭园创始人、前微软程序员　陈斌

希望你能够在读完这本书之后，找到真正的自己，发挥出自己的潜能，成长为一个懂生活、懂学习的人。

公众号茵苗 JY 主理人、高中教师　陈华珊

学习难吗？如果承认"努力 + 方法 + 应用"是基本功，那么人人都可以成为学霸。未来不是"强者为王"，是"学者生存"，要持续用对的方法，对的策略，对的输入输出，来提高学习的能力！

亲职帮创始人、家有 3 个娃的北大咨询师妈妈　晴天妈妈

学习人人都会，为什么有人满腹经纶，有人却成绩平平？很可能是学习方法的差异。清华高材生写书哥将费曼学习法的理论结合实际，将自己和身边朋友的学习经验娓娓道来，读起来不费力但又印象深刻，我自己读了亦获益匪浅。

新浪微博财经博主　菊厂刘掌柜

普通人可以用简单的方法成为学霸吗？这本书做了揭秘。

巧合的是，我也曾用过和书中类似的方法，结果，我这个小个子女生经常在学习上"秒杀"一众男生。现在我才知道，原来那正是大名鼎鼎的费曼学习法。这本书深度解读了费曼学习法，非常实用。而且语句活泼生动，半点说教也没有，我就经常读得笑喷。快快看起来，一定能让你轻松成为学霸。

清华大学硕士、新浪微博知名教育博主 菲菲姐的小花园

高考结束后，我们常常看到状元的笔记被"疯抢"，有的甚至还能卖出高价。而学霸之所以是学霸，只是因为他们掌握了一定的诀窍。看学霸的笔记，不如跟着学霸学方法，写书哥显然是这样的学习对象。

《上行》《认知突围》等畅销书作家 蔡垒磊

回顾自己的学习生涯，我最遗憾的便是一直只学习知识，却忽略了思考学习方法、学习技巧，因此成绩始终没有达到年级前列。本书结合费曼学习法，对初高中生所遇到的各种学习问题逐一进行了复盘分析，给出了一套行之有效的学习方法，是一本十分实用的学习宝典。当初的我如果看过这本书，或许也能考上清华，哈哈！

新浪微博教育博主 爱写清单的俩娃妈妈

费曼学习法，很多人都曾听说过，但怎样才能把它广泛地应用在学习中呢？

清华毕业的写书哥，结合自身的学习经历，拆解出费曼学习法的实际应用场景。在学习中，自己觉得会了不算会，把自己会的东

西能够清晰地讲明白，并让别人听懂才是真的会。

如果各位读者能把本书的方法应用到学习里，一定能起到事半功倍的效果。

新浪微博教育博主　田子渔

写书哥的这本书特别接地气，有对比，有原因剖析，一看就是实操性干货。读到写书哥的学习经历和思考感悟，我想，他不愧是能考上清华的人！我作为一名有 12 年教龄的一线物理老师，深切明白，要想学习好，真的不是光努力就可以的。太多学生和家长，认为只要努力学就能学好，这其实是个误区。努力只是踩油门，学习方法是导航，要想抵达目的地，光使劲踩油门是不行的。这本《费曼学习法》阐述了非常实用，并已使无数人受益的方法，简单有效，照做执行，大有裨益。

柴森物理创始人　柴森老师

这是一本"别人家的孩子"写的书。本书无私的分享了一些学习方法，让你的孩子也可以变得像他一样优秀。很多中学阶段的孩子不理解"努力"与"成绩"为什么不成正比？现在写书哥用自己的亲身经历，以通俗易懂的表达方式，解释了该如何高效学习，才能让"努力"收获"成绩"。与此同时，很多人崇拜费曼，却不了解费曼学识渊博背后的故事。那么这本书恰好告诉你费曼学习法的独到之处，值得阅读。

新浪微博教育博主　毒蜂作品

学习好是有方法的。优等生、中等生和所谓的"差生",在智力上的差异小到可以忽略。但不同的学习方法和策略,却能在学习效率层面产生巨大的差异。写书哥的这本书,着实为学习效率不高的学生提供了切实可行的方法论。

《英语语法新逻辑》作者 殷建斌

曾经我也是这本书里写书哥的"那位同桌",自以为聪明、理解力强、做题速度快,但考试却不怎么样,直到我遇到了一位努力的学霸同桌,有着好的学习习惯和方法。我在这位学霸同桌的影响下慢慢从中等生变成了优等生。现在看到这本书,我才恍然大悟,原来那好的方法就是费曼学习法。

写书哥结合自己的学习经验,深入浅出地分层解析费曼学习法。书中关于如何提高记忆效率、如何有效听课等都让我深有感触。我想我的孩子上学后一定能用上这些经验和方法!

新浪微博美学博主、《收放自如才是家》作者 希塔

非常有幸和写书哥在线下有过交流,每次交流不仅收获颇丰,还让我感觉如沐春风。印象最深的还是,写书哥讲创业、做事、学习的方法论,讲他悉心研究学习规律的故事。这本《费曼学习法》致力于把高效学习拆解成有流程、可复制的科学。毕竟,从理论上来说,掌握了方法,一个人能做到的,所有人都能做到。推荐给所有中小学生家长和终身学习的你。

新浪微博博主 合肥斌叔

写书哥善于把高深道理用浅白语言讲述出来，当他耐心地阐述一件事情后，你会觉得这件事非做不可；当他细致拆解一项学习技巧后，你马上就能自己上手操作……借助表达，自己能快速掌握，这正是费曼学习法的精髓。此书循循善诱，观点实用，值得细读。

《打破自我的标签》作者　剪枝者

首先我要说，费曼先生是我的偶像。作为物理专业的学生，在北大读书时就对《费曼物理学讲义》如痴如醉，在美国读博时，我更是学到了费曼对量子场论的重要贡献。写书哥和我都读过费曼的自传《别逗了，费曼先生》，原来费曼先生还能做到学术与生活两不误。能成为这样的"人生赢家"，一定有他的诀窍。想了解费曼学习法，请读这本书吧！

德州大学奥斯汀分校博士、《从零开始读懂量子力学》作者　戴瑾

3年前认识写书哥，得知他从农村考入清华后，我就把写书哥的文章推荐给儿子，儿子也大受启发。这本书中都是他的亲身经历，并结合脑科学的研究，符合学习规律，能有效提高学习效率，值得一看。

新浪微博博主　自我的SZ

孩子天然具有探索欲，喜欢研究不同事物之间的关系，解决现实中的问题。可惜着急的家长，总想给孩子"正确"答案，不知不觉中，孩子被"封印"了。

费曼回忆父亲是怎么教育他的：不是传授具体的知识，而是一

种思维方式。小时候，费曼的小伙伴们都以知道小鸟的名字为荣，但费曼的父亲却告诉他，真正的知识并不是这样的。只知道小鸟的名字并不重要，重要的是了解小鸟的习性，还能尝试为他人讲解。

　　写书哥的这本书，秉承了费曼的学习方法，让你知道真正的学习是什么，像火箭飞升般的学习效率是什么样子的！

中国人口文化促进会家庭健康教育分会副会长　韩谨（@渡渡鸟）

从小学到初中，我始终是"别人家的孩子"，是"100分种子选手""年级第一专业户"，我也曾沾沾自喜："没办法，我这么聪明，学什么都快！"可是我后来遇到的两件事，让我发现事情没那么简单。

第一件事：我弟弟的故事

弟弟比我小3岁，同样的爸爸妈妈、同样的学校、同样的老师，最后我考上了清华大学，你猜猜弟弟考到了哪里？

A. 北京大学

B. 天津大学

C. 浙江工商大学

D. 新东方烹饪学校

你肯定想不到，我弟弟只上到小学4年级，连小学毕业证都没拿到，就去务农了。我们俩的求学路径颇为相似，为什么在学习结果上有这么大的差别？

第二件事：高中同桌的故事

我常常考年级第一，而同桌是班上的中等生，不上不下。有一天，我突发奇想：暗暗和同桌比赛，看谁先完成作业。起点是一样的，因为我们都是刚听完课，然后一起做题，你猜结果怎么样？同桌让我大吃一惊，做得又快又好，比我厉害多了。

这是偶然还是必然？难道他是隐藏的高手？后来我专门留意他，发现每次听完课做作业时，他都比我做得快。

但到单元考试，他又恢复了中等生水平，不上不下。抱着好奇心，我又观察了他好久，终于解开了其中的秘密。

（1）不复盘。老师讲完课，同桌凭着短暂记忆能快速完成作业，但是过了两天，他就忘得差不多了。这是记忆曲线在发挥作用，大家看看下图。

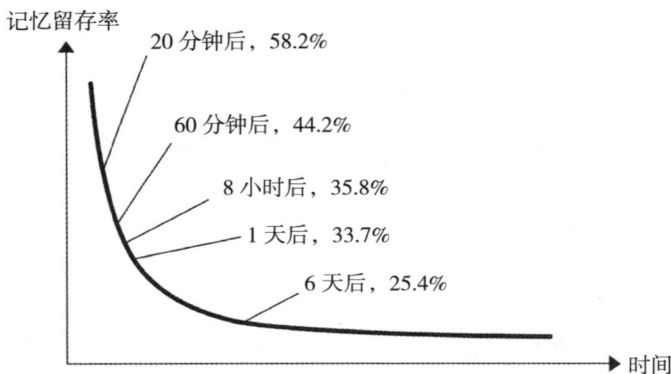

记忆留存率

20 分钟后，58.2%

60 分钟后，44.2%

8 小时后，35.8%

1 天后，33.7%

6 天后，25.4%

时间

同桌做完作业很少复习，而我每次上完课，都会反复琢磨题目的解法，晚上睡觉前还要想一遍，将其真正记在了脑子里。

（2）不死磕。同桌沉醉于刷题，追求数量而不是质量，每做完一套试卷就心满意足地休息，但是错过的题下次还是会错。

而我会用最快的时间搞定会做的题目，然后集中精力弄懂难题，死磕难题是很痛苦的，但做出来后的成就感无与伦比。

（3）手太懒。同桌很聪明，但他在每次考试的时候，都直接在试卷上写答案，很少使用演算纸。

同桌做题很随意、很潦草，导致他长期在简单的题目上丢分，每次他都一拍大腿说："哎，大意了！"偶尔大意一次可以原谅，次次大意就该引起重视了。

（4）字太差。同桌的字很飘逸，飘逸得老师都认不清。每次考试前他都和我说，要认真起来，但他平时写作业散漫惯了，正式考试的时候根本纠正不过来。

最诡异的一次，他居然把选择题的 B 写得像 D，被老师判错。他还觍着脸找老师，说："我选的是 B 啊。"

（5）看答案。150 分的卷子他只能考 100 分，按理说错题很多啊，可是他每次都不重视，一看答案就恍然大悟："啊！就差这么一点，我懂啦。"

实际上，下次遇到类似的题，他照样掉坑里。因为看答案的懂和自己做出来的懂完全不同，一个是被动接受，另一个是主动解答。

这两个故事让我明白，"智商"只是影响学习效果的一个维度，但不是决定因素，真正的决定因素是学习心态、学习习惯、记忆方法，这些都可以在后天进行培养。

还有个误区，很多人误解了"努力"两个字。每个班都会有认真听课、认真做笔记、认真写作业的学生，可这些学生中有一部分人的成绩始终不理想，原因在于他们努力的方向错了，总是闷头做题而没有找到高效学习的方法。正是因为这样的学生太多了，我把自己的体会发到微博上后才大受欢迎。

费曼学习法

后来我看了很多脑科学、记忆力相关的书，发现很多书中提到的学习技巧，费曼在 100 年前就已经在使用了。费曼是微软公司创始人比尔·盖茨、苹果公司创始人乔布斯的偶像，诺贝尔奖获得者。

费曼写了一本有趣的自传——《别逗了，费曼先生》，里面讲了他的很多趣事，阅读这本书后我能体会到他是如何探索未知世界的。本书会穿插分享他的小故事，让你感受更深刻。

本书主要解决如下问题。

（1）每天都很努力，但成绩始终不上不下。究其原因，是光顾着刷题，忘记了复盘。我上高中时，极其重视课本上的基础题，会围绕一道题反复琢磨其中的套路、关键点，然后举一反三，把类似题目研究透。

这是费曼学习法的核心，就像围棋冠军只有一部分的时间用于下棋，剩下的一部分时间用于打谱和复盘。如果只刷题不总结，就相当于狗熊掰玉米，捡一个丢一个。

（2）喜欢与众不同，研究偏题、怪题。中等生应该跟着考试大纲走，而且很多辅导书上都有考点分析，搞定出现频率高的五星考点，确保 100% 得分，比死磕偏题、怪题的效率高得多。

高中三年，学生的时间有限、精力有限，要有策略地复习，确保基础分不丢。

（3）不会听课，浪费了大量上课时间。"认真听讲"对于一部分学生来说很困难。为什么？因为他们听不懂，尽管老师讲得滔滔不绝，但他们就像在听天书，这时候即使再认真也是白搭，不如自己加强研究。

（4）情绪不稳定，导致学习效率低下。很多学生比较情绪化，考试成绩好时，便认为自己无所不能，洋洋自得；考试成绩不好时，便觉得自己糟透了，一无是处，然后拼命学习，甚至熬夜到凌晨一两点。

这两种情况都要不得。考得好可以开心一下，考得不好也可以懊恼一下，但最重要的是总结经验，用更饱满的精神迎接新一天。

只要你按照书中的方法做，就很有可能改善自己的学习效果！

写书哥

第 1 章
费曼学习法的内涵及应用

第 2 章
利用费曼学习法破除学习心理魔咒

第 3 章

利用费曼学习法掌握高效学习技巧

第 4 章
利用费曼学习法调整情绪

第5章
利用费曼学习法做到心无旁骛

第6章
利用费曼学习法有效听课自学

第 7 章
利用费曼学习法夯实读写基础

第 8 章
利用费曼学习法提高考试成绩

01

第 1 章

费曼学习法的内涵及应用

很多名人特别崇拜费曼，对费曼学习法赞不绝口，其
中包括苹果公司的创始人史蒂夫·乔布斯、谷歌公司
的创始人拉里·佩奇、微软公司的创始人比尔·盖茨。

1.1 什么是费曼学习法

费曼学习法与其说是一种方法，不如说是一种思维，其核心是用输出倒逼输入，通过输入来帮助输出。输入通常不会自动发生，就算人们主观上有输入的意愿，但如果没有输出的压力，输入的效率也会大打折扣。

1.1.1 费曼是谁

理查德·菲利普·费曼是美国著名的物理学家。1918 年，他出生在美国纽约皇后区的一个小镇上，父亲是一名服装推销员。

1965 年，费曼凭借量子力学方面的研究成果获得了诺贝尔物理学奖。他被认为是继爱因斯坦之后最睿智的物理学家，也是世界上第一个提出纳米概念的人。

除了在量子力学方面有重要贡献之外，费曼还建立了解释液态氦超流体现象的数学理论。他和莫雷·盖尔曼在弱相互作用领域，如 β 衰变方面，做了一些奠基性工作。费曼通过提出高能质子碰撞过程的层子模型，对促进夸克理论的发展起了重要作用。

费曼在十几岁的时候就自学了微积分课程，24 岁被选入曼哈顿计划，参与原子弹的研发。

费曼很喜欢用普通人能够听明白的话向别人传授物理知识，而且他风趣幽默的授课风格，受到了学生们的欢迎，他的课堂总是座无虚席。

费曼在中小学科学教育领域，同样做出了巨大的贡献。他在加州理工学院任教期间，进入了加州课程编写委员会，负责审定和修改中小学所用的教材。他曾在 1966 年全美科学教师协会的演讲中强调，中小学生应该学会像科学家一样思考，开放头脑，充满好奇，敢于提出自己的问题和质疑。

美国著名的数学物理学家弗里曼·戴森一开始对费曼的评价是"一半是天才，一半是滑稽演员"。后来他把对费曼的评价改为"完全是个天才，也完全是个滑稽演员"。

费曼的成就并不限于物理学，他晚年沉醉于绘画，通过绘画来表达自然之美，他的画曾经被匿名卖出了很高的价格。他曾在巴西国家级桑巴舞游行上表演敲鼓。

费曼拥有如此辉煌的人生成就，你可能认为他或许是个天才，他的智商应该高到普通人无法企及吧？实际上不是的，有记录显示费曼的智商只有 120 出头。这个智商虽然不算低，但也绝不算高，大约属于中等偏上的水平。

那他是如何取得这样的成就的呢？

他的秘诀是他有一套独特的学习方法，用这套方法学习，他不仅可以快速搞懂自己原来不熟悉的知识，而且可以学习得更加全面，更加深刻。

1.1.2 以教促学

费曼有一句非常经典的话——If I couldn't reduce it to the freshman level. That means we really don't understand it. 意思是假如我没有办法把一个知识点让大一新生听懂，说明我自己也没有真正弄懂它。

这正体现了费曼一以贯之的教学风格。费曼拥有一项很多领域内的专家不具备的能力，那就是用普通人听得懂的话来解释专业知识。

他会尽量写一些普通大众能够理解的物理学著作，如《物理定律的特征》和《QED：光和物质的奇妙理论》。书中用了很多生活化的语言和大众可以理解的比喻来解释难懂的物理知识。

《别闹了，费曼先生》中，有一章是关于费曼挑战教科书的故事。他让大一学生把物理教科书举起来，一字一句地读出教科书上对于"摩擦发光"（Triboluminescence）这一现象的科学解释。但是费曼说，这些对科学概念的阐释不过用一些字去说出另一些字的意思而已，学生通过阅读和记忆教科书所学到的科学知识，只不过是"生吞活剥的背诵"，并不能真正地理解这一现象背后的科学原理。

这也是他被社会大众所熟知，被很多名人所推崇的原因。

在费曼儿时，有一次他的一个朋友问他一种鸟的名字。费曼回答说不知道。这个朋友嘲笑费曼，说费曼的父亲都不教他知识。

其实费曼的父亲早就教过他这种鸟的名字，甚至还教了他如何用中文、意大利语、葡萄牙语、日语来说。

但他的父亲告诉费曼："就算你知道了这种鸟的名字，知道了它在不同语言中的叫法，你依然对这种鸟一无所知。知道一种事物的名字，并不代表你真正了解它。"

这件事对费曼未来理解世界的方式产生了深刻的影响。

> 在费曼看来，只用专业术语解释专业领域并不算真正搞懂这个领域。因为每个专业术语本身也有其内在含义，只有真的懂了其内在含义，才算真的搞懂了这个领域。

费曼曾说，普林斯顿大学生物学系的学生把 4 年的大学时间都浪费在死记硬背专业术语和名词解释上了；而他虽然是个生物学的门外汉，却能够快速地厘清这些概念，并在哈佛大学发表关于生物学的演讲。

如何检验自己是否真的理解了某些知识呢？最好的方式就是尝试教会别人。当我们有能力教会一个之前完全不懂这些知识的人时，就代表我们真的学会了。

教别人是输出，学习是输入。教会别人就是用输出来倒逼输入。

《礼记·学记》中的"教学相长"，讲的正是这个道理。我们可以通过教别人，来促进自己不断学习。教别人的同时，我们也在进步。

1.1.3　发现盲区

输出除了能促进我们学习之外，还能帮助我们发现自己的盲区。如果只有输入，没有输出，我们是很难发现自己的盲区的。

例如，很多同学看课本，看完之后觉得自己仿佛什么都会了，都不想听课了，但听老师讲课时，却发现自己还有很多知识点没注意到；做课后习题时，发现自己做错了好几道好像已经学会的题。

这种看起来好像懂了，其实根本没懂的知识，就是我们学习的盲区。每个同学都有属于自己的盲区，所以每次考试大家错的题都不一样。找到盲区，消灭盲区，我们才能考出好成绩。

看过和掌握是两种完全不同的状态。

1. 第一种状态：看过

看过是原来不知道，现在知道了，因为之前没接触过，看到的时候人会产生一种获得感。即使再次看到，人的大脑会马上反馈这个东西曾经看过，这时候没了新鲜感，有些人会不耐烦，不想再看。在这个阶段，我们很容易错误地认为自己掌握了。

在这个阶段得到的知识其实是"脆弱知识"，我们很容易表现出"脆弱知识综合征"。这是美国教育学者大卫·珀金斯提出的针对学生知识掌握不到位的现象的一种总结。如果只掌握脆弱知识，人无法把所学的东西迁移到新的情境中去，更无法对其进行应用和创造。

脆弱知识一般有以下3种类型：第一种是惰性知识，这种知识明明已经存在于我们的脑海，可是对我们不起任何作用，除非在考试中出现，否则我们是不会想到这些知识的；第二种是幼稚知识，学生在学习前的那些错误的认知和理解，在学习完之后没有任何改善，依然坚持自己的错误印象；第三种是模式化知识，学生只学习了模式化的问题解决方式，但是并没有真正地理解为什么要这么解决，有没有其他的解决方案，只是机械地记住了解决这些问题的步骤。

> 在考试中，学生无法答对基于同一原理或概念的新题目，除非遇到老师讲过的原题。在生活中，学生遇到类似或相关的情境时也不会用学到的知识去处理真实世界中的问题。这都是因为他们没有真正地掌握所学的知识。

2. 第二种状态：掌握

掌握是融会贯通，表现为一个人深刻理解了某项知识，能够把该知识完整地、有条理地传授给别人，就算该知识的表达形式有所变化，也不影响人的理解和输出。

这就像"看电影"和"欣赏电影"是两种完全不同的境界。

有些电影我们看过一次，就会认为我们已经知道这部电影，再看一次的时候，会觉得都看过一次了，有什么好看的；有时候由于陪朋友又看了几遍，感觉自己好像都快能背下整部电影的台词了。但这时候我们真的完全了解这部电影了吗？其实未必。

很多人看完一部电影后，觉得这部电影太精彩了，忍不住又看了好几遍，觉得自己充分理解了这部电影的精彩之处，但向朋友介绍这部电影时，朋友却毫无感觉。

为什么会这样？这其实是因为我们没有真的搞懂这部电影。我们以为自己懂了，但向朋友分享时我们可能会发现有很多细节其实自己根本没注意到。

思考一下，对于那些我们十分喜欢，觉得精彩绝伦的电影，我们真能完整、清晰地描述清楚其中的每个精彩桥段吗？

（1）我们能说出电影中每个角色的定位和性格吗？

（2）我们注意过电影中每个场景要表达的深层含义吗？

（3）我们注意过电影的画面布景、颜色应用和演员服装搭配有什么内涵吗？

（4）我们想过电影剧情为什么要这样设计吗？

这还只是欣赏电影需要思考的，假如要拍一部电影，那需要思考的问题还要多得多。

看到这里，我们会发现很多人看电影，真的只是"看过"，就像很多人的课业学习，也只是"看过"，经不起检验。

1.2　为什么用费曼学习法

费曼学习法可以促使我们主动学习，帮助我们发现知识的关键点在哪里，从而让我们达到融会贯通的境界。

1.2.1 促进主动学习

费曼说，他上学的时候，很多同学有不会的题就来找他请教，他每次都不吝啬自己的时间，非常乐意教同学解题。

有些同学找他问的问题比较难，他自己也不会，要花很长时间才能弄明白，但一旦他解出来并且告诉同学之后，他就彻底把这个题弄明白了，再有同学找他问类似的问题，他很快就能给出解答方法。

这样持续一段时间后，很多同学都说他是天才。被说成天才让费曼非常开心，这强化了他教同学解题的兴趣。他越愿意教，就有越多的同学来找他请教问题，有越多人赞扬他聪明，就越有动力钻研更难和更深的知识。

根据吸收知识的主动性的不同，学习可以分成两种，一种是主动学习，另一种是被动学习。主动学习是主动自发、由内向外地学习，被动学习是外部传输、由外向内地学习。

主动学习的目的性更强，通常是基于某个明确的目标而实施的学习；被动学习的目标性没有那么强，通常是别人传授什么，就被动地接受什么。

> 传统意义上的看书或听课，都属于被动学习。学习时，同学们多是被动地接受书本中或课堂上逻辑体系比较清晰的线性知识。接受这些知识时，同学们很少会思考这些知识有什么用？为什么要学习这些知识？

所以很多同学会觉得学习枯燥乏味，不喜欢学习。这其实是正常现象，因为这种学习过程不仅缺少主动性，还缺少外部反馈。

主动学习则不同，它是我们基于某个目的，打从心底里想要搞懂某方面的知识，目标性非常强。费曼的主动学习行为基于同学们的赞扬，这种赞扬成为他主动学习的动力。

我上学时的经历和费曼的这段经历很像。最开始，我的数学成绩并不出众，基础题都会，但很多拔高题我是不会的。

后来，有一次我的同桌问了我一道数学题。那道题我恰好会做，就给他讲了讲。他说："你真聪明！"这极大地鼓舞了我，也让我更愿意和同学分享自己会做的题。

但很快，我发现有好多题自己都不会。有一次同桌又问了我一道题，我对他说"我也不会"，他便很失望地闷头自己解了。

我至今都记得他那失望落寞的表情。其实对他说"我也不会"时，我的内心也很挣扎。因为之前被他表扬过，如果我也不会，不是辜负了他的表扬吗？

后来，我就特别认真地学习数学，要求自己必须每道题都会做。而且我对自己的要求一度有些偏执，很多同学在数学考试中都要求自己不要把会做的题做错，避免马虎，至于不会做的题，就直接放弃；我则要求自己可以马虎出错，但必须每道题都会做。

当然，我的这种自我要求仅对我自己适用，并不值得推广，而且后来我对自己的要求越来越高，要求自己低级失误也不能犯。

后来，我的数学成绩就一直名列前茅，几乎每次都是全校最高分。

运用费曼学习法，我们可以化被动学习为主动学习，大大提高学习效率。

1.2.2　留下核心知识

自己闷头学知识和给别人讲知识是两种完全不同的状态。

自己闷头学知识，不经检验，很容易认为自己已经学会了，而给别人讲知识，不仅能发现哪些内容自己还没学会，还能发现哪些内容是这类知识的关键。

这些关键就是核心知识，是整个知识脉络中最重要的部分，也是让自己快速记忆和串联知识的关键节点。

这些关键节点就像化学分子中的一个个原子，通过某种空间结构连接在一起。

例如万有引力定律：一切物体之间存在相互吸引的作用，此作用与两物体的质量成正比，与其距离的平方成反比。

如果要对某人讲万有引力定律的故事，可以从伽利略提出离心力和向心力开始讲起，然后讲牛顿提出万有引力。

如果要让某人理解万有引力定律，可以从天体物理学，各大行星的运动轨迹，到月球绕地球的运动轨迹，再到地球上的海洋被地球重力所吸引等一系列能够被想象的客观物体讲起。

经过这样尝试输出万有引力的概念，我们可能最终会发现，万有引力的故事有几个关键词，分别是"伽利略""牛顿""离心力""向心力"等；要理解万有引力定律有几个关键词，分别是"行星""月亮""地球"等；要记忆万有引力定律有几个关键词，分别是"质量""正比""距离的平方""反比"等。

也许有人会认为，这不过就是从一些段落中提取关键词罢了，有什么难的？不用费曼学习法也可以做到啊。

其实不是的，在没有输出的情况下提取关键词，属于被动学习中的一种简化记忆法。通过输出找到的关键词并非"提取的"，而是"发现的"。是被动提取的知识更宝贵，还是自己主动发现的知识更宝贵呢？答案不言而喻。

而且，每个人主动发现的关键词并不相同，这是因为每个人的知识体系和记忆习惯有所不同。有的知识对某些人来说是关键知识，对别人来说可能只是常识，并不重要。

而这一切，都需要我们自己去主动发现，既不能被动地等着别人告知，也不能简单地从文字中提取关键词。

> 费曼能够用一句话总结出"科学是人类试图理解大自然运作方式的渴望"。他能够深度地欣赏自然之美，了解藏在一朵花背后的科学秘密。这肯定不是通过简单地被动学习能够做到的，而要靠好奇心和热爱去发现最关键、最核心的知识才能做到。

1.2.3 让知识融会贯通

使用费曼学习法的最终目的是实现融会贯通，也就是真正地掌握某项知识，而不仅仅是感觉自己好像会了。

费曼指出，那种不是通过深度理解获得的，而是通过"生搬硬套"或者别的途径学到的知识，是如此的"脆弱不堪"。费曼学习法能够快速地帮助我们思考问题背后的逻辑思路和知识框架，而不是机械地记忆。

学习的境界分为3层，第1层是似曾相识，第2层是学会、能够表述，第3层是掌握、融会贯通。

老师课上讲过的题目，明明听明白了，为什么课下就做不出来呢？上周会做的题目，为什么这周就不会做了呢？明明是同一类型的题目，为什么这道题目能做出来，另外一道就做不出来呢？ 这时，同学们肯定会纠结，自己到底是学会了，还是没学会。

其实不用纠结，答案肯定是没学会。假如真的学会了，必然就融会贯通了，当然应该都会做。

那么，怎么才算学会了呢？

1. 一题多解

从小我的基础知识就学得比较扎实。为什么我的基础知识学得扎实呢？因为每道题我都尽量用3种方法来解。当从多个角度分析题目时，我可以了解更多信息，将不同知识点串联起来，这样我的记忆不仅更牢固，理解也更深刻。长此以往，我掌握的解题技巧越来越多，不知不觉仿佛打通了任督二脉。

2. 做3道同类题

我有个初中同学，他的记忆力非常好。老师每讲完一道题，他都能记住各个步骤。但到了考试，他就出问题了。

出现这种情况说明他并不是真正会做题目，只是机械地把解题步骤背了下来。

为了避免这种情况，我们可以找出3道同类题，每隔几天做一道，避免仅是利用大脑的短时记忆做题。如果我们能毫无压力地做出来，就说明我们真正掌握了这类题的解答技巧。

同时，这个方法也可以帮助我们复习对应的知识点。

3. 给同学讲题

高中时，化学老师为了检验我们的学习情况，经常在自习课上挑选同学上讲台讲习题。

有一次，我被叫上台讲自己很熟悉的题目，但我讲着讲着竟然卡住了。因为我发现，我竟然不知道其中一个解题步骤是怎么列出来的。

这种情况并非个例。很多同学做题都是下意识地按照固定步骤来做的，他们并不理解为什么要这么做。只要题目变一种形式，他们可能就做不出来了。

这也是一种没有真正掌握知识的表现。为了避免这种情况，我们可以把解题过程讲给同学听。在讲解过程中，我们会对每一个步骤给出一个合理的解释，而不会像做题那样下意识地认为就该如此。如果旁听的同学能很清楚地理解，就说明我们真正掌握了解题技巧。

只有通过以上 3 种方法的验证，才能证明我们真正掌握了某类知识。注意，在操作过程中，我们一定不要看答案，一眼都不行。

如果哪里模糊，那就加强学习，因为这正是我们的弱点。只有真正掌握相关知识，我们才能搭建好自己的知识体系，应对各种习题和考试的考验。

1.3 如何实施费曼学习法

我并不是很在乎学习的外在形式，但很在乎学习的内在核心——如何真正学会。我会用费曼学习法，正是因为费曼学习法的本质是一种学习的思维模式和行为模式，而不是一堆华而不实的工具。在运用费曼学习法之后，我才真正理解了写作业、考试的意义。

1.3.1 费曼学习法的实施步骤

严格来说，费曼学习法并不是一种方法，而是一种思维模式。这种思维模式会不自觉地影响行为模式。

但如果直接把费曼学习法说成一种模式，难免有些难以理解，也难以落实。所以，我们在应用费曼学习法时，可以按照以下步骤进行。

1. 制定目标

学习之前，我们首先要制定一个明确的目标。制定学习目标应当遵循 SMART 原则，也就是目标应当是具体的（Specific）、可以衡量的（Measurable）、可以达到的（Attainable）、具备相关性的（Relevant）以及有明确截止期限的（Time-bound）。有了目标之后，我们还要制订具体的行动计划。

2. 尝试输出

感觉自己学会后，我们可以尝试输出学习内容，验证自己有没有学会。在课业学习方面，除了向别人分享外，我们还可以通过写作业、考试等方式来输出和验证学习成果。费曼十分喜欢用口语阐述的方式来写作，甚至在写严谨的科学论文的时候也是如此，他还喜欢利用图表来展示晦涩复杂的量子力学。

3. 发现问题

有了第 2 步的输出后，我们就会发现自己没掌握知识的原因可能是多方面的，有可能是记忆问题，即自己没记住；有可能是理解问题，即自己没有真的理解知识；也可能是视野问题，即自己知识的边界没有打开。这时候我们可以有针对性地进行复习。

4. 真正掌握

经过第 3 步后，我们对知识的理解将会更进一步，会发现哪些知识是最重要的。当然，这时候我们也不要自满，还需要再次验证自己有没有真正掌握。只有能融会贯通，才算真正掌握了知识。

当我们掌握了费曼学习法的精髓，能熟练使用费曼学习法时，不必拘泥于这 4 个步骤，只要遵循费曼学习法的基本原理就可以了。

但如果是初学者，之前从来没有接触和应用过费曼学习法，一开始可以严格按照这 4 个步骤实施，熟练之后再尝试改变。

1.3.2 在学业中应用费曼学习法

费曼学习法的关键是输出，其在学业中的应用可以有多种表现形式。

1. 作业

作业是最高频却最容易被忽略的输出方式之一。做作业是我们输出的好机会。通过做作业，我们会发现，对于一些知识我们看似掌握了，其实根本没掌握。作业可以给我们及时的反馈，从每天的作业中我们能发现很多问题。

2. 考试

考试虽然是比较滞后、比较低频的检验方式，却也是一种重要的输出方式。每次小的模拟考试都是检验我们知识掌握程度的好机会，也是我们查漏补缺的好机会。我们要珍惜在每一次考试中的输出。

3. 分享

分享的形式可以有两种，一种是向别人分享，另一种是对自己分享。

（1）向别人分享

向别人分享能够得到别人的反馈。在学校里，我们可以找同学分享；回到家以后，我们可以向家长分享。如果老师鼓励大家到讲台上分享，我们一定要抓住这个机会。

向同学分享时，我们可以找几个和自己水平差不多的同学，组成学习小组，小组成员定时聚在一起讨论课堂内容和课后作业。

在交流的过程中，每个人可以轮流分享一部分内容，其他人监督，这样便于发现大家在讲解中存在的错误。

（2）对自己分享

如果找不到别人来分享，我们也可以对自己分享。

除了和自己对话之外，我们可以对自己心爱的玩偶分享。例如，找到自己的玩偶，把它放到椅子上，然后给它讲在课堂上学到的内容。

> 在程序开发领域，这种方法被用来发现和解决程序中遇到的问题，只不过这种方法被称为"大黄鸭调试法"。

不论是学习小组分享法，还是玩偶讲课分享法，都能让大脑主动思考所学习的知识，然后进行整理，最后进行输出。这样，我们对知识的记忆就更牢固，理解也更深刻。

02

第 2 章

利用费曼学习法破除学习心理魔咒

态度控制人的情绪和意志，决定行为的方向和质量。积极的态度可以使人朝气蓬勃，消极的态度会让人悲观沮丧。我们无论做任何事情，成败的关键往往不在于客观因素，而在于我们面对挫折时，是否想尽办法努力解决。我们对待学习的态度直接影响着我们的学习成绩。

2.1 学习好到底有没有用

有的同学把学习当成一种痛苦的折磨，有的同学把学习当成一种游戏，有的同学把学习当成和吃饭、睡觉一样的日常行为。不同的认识决定了我们对待学习的方式。只有正确认识学习，我们才能学好。

2.1.1 网上都有还用学吗

"有问题找百度"是很多人的口头禅。这容易让人有困惑：网上有各种各样的知识，我们为什么还要学？答案很简单：因为考试不让百度，你不可能带着手机或电脑进考场！

当然，这并不是主要原因，毕竟学习不全是为了考试。

若圆里面代表我们知道的知识，圆外面代表未知的知识。圆越大，我们会发现未知的知识越多；圆越小，我们反而越会觉得自己好像什么都知道。

假如一个人脑子空空如也，就算有百度也没用，因为他甚至不知道自己不知道什么。

初中时，我在杂志上看到一篇文章，讲一个数学家到学校办讲座。这时，有一个学生提问，数学家是否需要背圆周率。数学家潇洒地回答，书上有的内容不用背，我的脑子只用来研究未知的东西。

当时看完后，我首先好羡慕这个数学家，然后感叹自己需要背一堆书上的内容。可转念一想，我怎么能拿自己和数学家比呢？我们处在两种不同的人生阶段，有什么可比性呢？

就像刚出生不久的婴儿，需要靠母乳补充营养，不能吃成年人吃的食物。而成年人则可以理直气壮地说："我不喜欢喝奶，也不需要喝奶，我更喜欢吃肉。"没有婴儿时的喝奶，哪来成年后的吃肉呢？

想到这些，我就会踏实学习，最终实现了自己的理想——考上清华大学。

从知识本身的角度讲，现在很多知识在书上或网上都有，我们要不要学呢？对于这个问题，我来说一下发生在我和我的合伙人身上的3个故事。

1. 我们能发现问题吗

我的长辈和老师很爱说一句话："中午一定要午休。"听到这句话，估计很多同学都很抵触，我的合伙人也是如此。

他在30岁之前，从来不午休。哪怕趴在桌上眯一会儿，他都不会。他认为，"不午睡"不是问题，因为他不适合午睡。

小时候，他也听从父母的要求尝试过午睡。可是刚睡上一个小时，他就被叫醒去上学了。

这时候起来，他的脑子昏昏沉沉的，心情异常烦躁。整个人的状态都不对。这种浑浑噩噩的感觉会一直持续到下午4点。

为了逃避午睡，他开始和父母斗智斗勇，如假装先睡再起来、戴着耳机听广播，直到把作业放到中午来做，父母才作罢。

从科学的角度讲，午睡这件事并不适合所有人。我的合伙人直到30岁才打破"必须午睡"这个认知，因为他学习了睡眠相关的知识，才知道自己天生睡觉时间比较短，其实是不适合午睡的。

2. 我们能正确判断问题吗

高中时，我们的学习压力都很大。有段时间，我每天早上醒来后，心情都很糟糕。有时候，我莫名其妙地情绪低落，晨跑铃声都响了，我还坐在床上。

有时候，我会无端地火气大，跟下铺的好朋友都要呛上几句。从现在来看，这就是所谓的"起床气"。

既然是"情绪问题"，我就得努力调整情绪。情绪低落的时候，我就给自己打气，我要考到北京，我要考上理想的大学；脾气暴躁的时候，我就宽慰自己，没必要和好朋友怄气。

我花了很大力气调整，效果却总是不好。直到现在我才明白，起床气与情绪无关，而是当时压力太大，休息不好导致的。

这些道理也是在我学到更多知识之后才明白的。如果不学习，我们只会沉浸在自己以为的猜测或固有认知中。

3. 有了网络，问题就更容易解决了吗

有段时间，儿子很爱吃鸡蛋羹，于是我每天都给儿子做。可是饭店做的鸡蛋羹总是细腻嫩滑，自己做的却像是多孔的发糕，口感和味道都不对。

于是，我就到网上找答案。有人说，需要加白醋；有人说，要用温水冲鸡蛋；有人说，搅拌时要把鸡蛋沫撇掉。

对于做一个简单的蒸鸡蛋羹竟然会有这么多种不同的建议，而且每个建议都言之凿凿，看起来仿佛都能解决问题。

结果，我把每个建议都试了一遍，最后依然没有解决问题。

我们每个人都希望自己生活得更好，每天更开心。而实现这个目标的前提是，发现生活中的问题，然后解决问题。

> 如果缺乏知识，我们可能连问题都无法发现。如果缺乏知识，即使发现问题，我们也会找错方向。如果缺乏知识，即使方向正确，我们也不一定能从各种"答案"中找出适合自己的一种。

　　书上和网上的知识只是给我们提供了一种解决问题的途径。我们还是需要学习这些知识，尤其要知道这些知识的基本原理，深刻理解这些知识，才能让自己的生活更好，让自己更开心。

2.1.2　学习让人终身受益

　　一样是学习，为什么非要学好？学得好是否意味着要有好成绩？

　　学得好，不仅意味着拥有一个好成绩，还意味着你打开了认知。

　　这就像是炼钢，高合金钢的始锻温度一般控制在1150℃～1180℃，终锻温度一般控制在800℃～900℃。

　　这时候可能有人站出来说：我不控制在这个温度行不行？我非要让始锻温度在1000℃，终锻温度在700℃，行不行？答案肯定是不行，因为这样就炼不出合格的高合金钢。

　　学习也是如此，所谓中游水平，其实还是有很多知识没学会。如果全学会了，自然会得高分，自然就成学霸了。

> 　　学霸其实是一种结果，而不是原因。我们不是为了当学霸而当学霸，而是为了搞懂每一个知识点，探索那些未知领域。

　　初中时，我有个同桌很聪明，他学什么都很快。他明明多看会儿书，就可以考进全班前三，但每次都排在十几名。

　　我比较好奇，问他为什么？他风轻云淡地说，反正都是学习，学会就可以了，争什么第一，当什么学霸。结果，他中考时失利了，未能考上心仪的学校。

　　费曼在普林斯顿大学就读研究生时，做过一个有趣的催眠实验。他认为，人很容易有一种被催眠的心态，不停地对自己说我可以做到这个、那个，我只是不做而已，实际上他就是不想做，而且做不到。

《为学》中有一句话："吾资之昏，不逮人也；吾材之庸，不逮人也。旦旦而学之，久而不怠焉，迄乎成，而亦不知其昏与庸也。吾资之聪，倍人也；吾材之敏，倍人也；屏弃而不用，其与昏与庸无以异也。"

其大意是即使是天资不高、才智平庸的人，经过不懈的努力，也能够有所成就。即使是聪慧过人的人，但自恃其聪、敏而不学，只是停留在口头上，不付出实际努力，和那些昏庸之辈没什么区别。

费曼其实并不是天生的天才，他也是要不断地鞭策自己，付出坚持不懈的努力，从而取得卓越的成就。

考上清华大学后，我结识了很多各省的高考状元，并发现好好学习、争当学霸其实是一件终身受益的事情。

1. 能力提升

在成为学霸的过程中，我们会提升各种能力，如专注力、分析力和执行力。例如，为了考高分，我能迅速进入学习状态。这种专注力我一直保持到现在。而困扰很多人的拖延症、精力不集中，在我身上几乎没出现过。

同时，作为学霸，我会主动解决各种复杂问题。例如，研究别人不会做的高难度题目，我的分析能力也因此得到极大的提升。到现在，这种能力还在帮助我从海量数据中发现有价值的信息，从而完成日常的图书策划工作。

在解决问题的过程中，如果我发现一些新颖的方式和方法，且它们一旦被证明有效，我就会在所有场景中尝试将这些方式和方法用到极致。这也使我的执行力得到了提升。

2. 认知提升

成为学霸的过程中，除了能力会得到提升，认知也会被提升。要想成为学霸，我们需要有极强的目标感，要知道一段时间内，自己的首要目标是什么。例如，我上大学前的首要目标是考上理想的大学，考上大学后的首要目标是锻炼自己各方面的能力。这种目标感，能让我保持专注。

学习中要有所收获，都需要一个漫长的过程。只有坚持，才有可能成为学霸。我的智商并不高，但是通过反复刷题，我就能考出高分。因此，我很相信努力就有回报。

> 在坚持的过程中，自我认知也能得到提升。因为我们需要抵制各种诱惑，知道自己容易受到什么东西的影响，容易在哪些环节松懈。这样，我们就能有效地进行自我管理。

一个人的认知构建了其所理解的世界，人通常不会主动改变自己的认知。如果个人认知与现实没有产生任何冲突，那么，这个以个人认知为基础所建构的世界就永远不会被打破。

例如，有个农民所认知世界的一部分就是种田、收获、卖钱、消费。他认为农民就应该是这样的生存方式。忽然有一天，他发现隔壁村的老王把自家的田租了出去，把租金拿去投资，赚了比他多得多的钱。

这时候，他原本的认知被打破了，他就会重新建构自己的认知。如果没有隔壁村老王的出现，他依然会觉得农民就应该老老实实种田。

3. 自信心提升

在成为学霸的过程中，除了能力和认知会提升之外，自信心也会提升。

　　虽然人可能天生会对未知感到恐惧，但学霸因为经常可以成为班级第一、年级第一，这些经验的积累让他们对自己的能力充满自信，很难对未知感到恐惧。学霸相信自己可以适应新的环境，相信自己能够应对考试中可能出现的各种情况。所以，学霸能发挥自己全部的实力，面对各种挑战，取得更好的成绩。

　　不要小看这种自信心，这是我们打破限制性信念的重要一环。

　　好好学习是非常值得的一件事。因为在这个过程中，我们不仅可以获得好成绩，还可以提升自己的能力、认知和自信心。这些东西会让我们在以后的学习、工作和生活中大受裨益。

4. 发现生命的乐趣

　　费曼的一生不仅仅在物理上取得了巨大的成就，他的成就是跨领域、多学科的。他发现了一些存在于自然现象和规律背后统一的规则，和宇宙运行的本质规律，并且在发现的过程中享受了发现的乐趣。

　　在他的纪录片中，费曼说他的艺术家朋友曾表示科学家是不懂怎么去欣赏一朵花的美，因为科学家会把所有的一切都分解开，会破坏一朵花的美，让它变得无趣。

　　但是费曼反驳道，艺术家所看到的花的美是所有人都能够看到的，但是科学家能够看到不同维度上的花的美。比如，他能够了解花朵的内部结构，花是怎么开放的，花的芳香是怎么来的，它为什么能够吸引昆虫授粉，这些昆虫是不是也有对花的审美。知识的增加并不会影响费曼欣赏一朵花，而是会让他感觉到更多的兴奋、发出更多的赞叹。

　　费曼说："你需要停下来思考一下这些复杂性，这些不可思议的自然的本质！"

对费曼来说，发现事物的乐趣本身就是一种奖赏，这比短暂的荣誉更加重要。

他能够把物理的奥秘和绘画结合起来，在晚年成为一个画家，和他对知识本身的热爱密不可分，艺术成了他接近科学本质的一种表达方式。

> 当学习成为一种生命的享受和乐趣时，我们就会主动地去学习，去探询和了解周围的一切。

那么终身学习，就不会再是一件难以坚持的事情了，而是一场充满好奇和惊喜的冒险。和费曼一样，像一个顽童闯入世界那样，热爱发现，享受认识世界的乐趣吧！

2.1.3 好大学意味着什么

很多同学因为接触了一些负面信息，就认为上什么学校都一样，反正毕业后都要去打工。

北京大学中文系的陆步轩，毕业之后去卖猪肉。

他卖猪肉的消息曾引发很多人的讨论。然而从 2016 年，陆步轩开始在网上卖猪肉，短短两年，他的"壹号猪肉"就入驻 30 多个省，仅2018 年一年，销售额便达到 18 亿元。

从北京大学毕业真的对养猪一点帮助没有吗？

在别人看来也许如此，但在我看来，北京大学的教育给了他不一样的认知，开阔了他的视野，也造就了他更强的综合能力。

退一万步讲，就仅仅"北大毕业"这 4 个字，已经让他成为人尽皆知的名人，品牌知名度和势能一下子就与众不同了。

生意蒸蒸日上的同时，陆步轩也没忘为自己的母校做贡献，短短几年时间，他便为母校捐了 9 亿元。

在取得成功后，陆步轩对读书有了更深层次的理解。他说："读书不一定能改变命运，但一定能改变思维。"

以我的体会，好大学远不是提供一个光鲜靓丽的毕业证那么简单。好大学是个竞技场，能让人的见识、阅历有极大提升。

（1）好氛围。以我的大学为例，清华大学的学生都是各地的学霸。大家聚到清华大学以后，都不服气，那就要比一比了。这时候，想不努力都不行，每个人的学习劲头都更足了。

（2）好心态。以前我经常得年级第一，到了大学以后，变成中等偏下了。这时，我立刻意识到自己只是个普通人，要赶快褪去高中的光环，让自己更加努力，迎接 4 年后的社会挑战。

（3）好同学。清华大学的优秀者太多了，让我早早地认识到了不同人之间的巨大差异。进入社会后，我在面对形形色色的人时，也就淡然了很多。

（4）长见识。这些学习出色的学生们总有一些不同的故事，尤其是逆袭故事。我们隔壁宿舍有个同学，他高一、高二都没有认真学习，到了高三，觉得要努力一把，于是发奋读书，考上了清华大学。

（5）目标感。在清华大学，每个人的目标感都很强。无论是学习，还是生活，他们都能打理得井井有条。外界认为的高分低能根本不存在，几乎每个人的能力都很强。

当然，能考上清华大学，对之后找工作和创业的加持非常大。一个人能考上好学校，是其智力、体力、毅力、注意力、学习能力、临场发挥能力等众多要素共同作用的结果。

费曼的父母十分重视他的教育。20 世纪初，在"二战"和经济大萧条的阴影下，许多人迫于经济压力，放弃报考大学，但费曼的父母仍然坚持要为他提供最好的教育条件，帮助他进入了麻省理工学院。

如果费曼没有机会进入麻省理工学院，甚至没有进入大学，可能他也会有所成就，但很难成为一位传奇的物理学家。

所以，无论如何，我们都要争取考上一所好大学，而且要努力过好大学 4 年。这样，不论往哪个方向发展，我们都可以有更多的选择和更高的起点。

2.2 破除限制性信念

大部分人认为的不自由，指的是被关进监牢、被别人囚禁、行动不便这类身体无法随自己的意志移动的状态，但很难发现，思想上的不自由其实比身体上的不自由更可怕。即便人身在监牢，如果心在四海，那也是自由的；但即便人身在五洲，如果心被囚禁，那也是不自由的。

2.2.1 什么是限制性信念

我有个同学，人很机灵，才艺也非常多。她一开始学习很好，后来开始学物理时，成绩不太好。我鼓励她说："没关系，你只是没找到窍门，找到窍门之后就能学好了。"

没想到她说："我妈妈和我说了，她以前物理学得就不好，我学不会也正常，我妈妈说女孩子学习那么好没什么用。"

后来，她不仅物理成绩变得很差，学习的兴趣也没了，从此自暴自弃，读完初中以后没考上高中，直接去读技术学校了。

为什么她会这样？因为她有了一些负面的信念。

什么是信念？信念就是我们认为事情应该是怎么样的。例如我的朋友想向我借钱，我觉得朋友有难，帮一把是应该的。这是我作为一个朋友时的信念。

如果是街上的一个陌生人向我借钱，我可能不会借给他。因为我会觉得：我又不认识你，凭什么要借你钱？不借钱给他对我的心理不会产生压力。

所以，同一个人在不同的身份下处理相同的情况时会有不同的信念。我们的信念是怎么产生的呢？

（1）可能来自自身的经验。例如，小时候被淹过，所以觉得水很危险。

（2）可能通过观察别人的行为得出结论。例如，小时候在班上看到其他同学调皮被老师批评，所以总结出上课不可以调皮，不然可能会被批评。

（3）可能通过重要人物的灌输得到。例如，父母对孩子说，选报大学时选城市比选学校和专业更重要，于是孩子选报大学时只关注城市这一个维度。

（4）可能通过自己的思考获得。例如，张三看到同学李四平时不认真学习，但考试可以得高分，得出考试得高分不需要认真学习的结论。

> 信念会让我们的大脑在面对同样或类似事情时，进行自动调节来应付这件事，从而让我们不必在每次遇到类似的事情时都去思考，以提高我们的效率。

例如，有位父亲认为孩子学习不好，就是孩子不认真，这是一种信念。每次当孩子考试不理想时，他就会责怪孩子不认真，惯性地不去想其他原因，看不到其他可能性。

客观地讲，孩子成绩不好，有可能是因为父母与孩子的关系不好，影响了孩子的生活，孩子想用成绩不好来引起父母的关注，有可能是孩子不喜欢学校的老师，还有可能是孩子确实搞不懂这门课，同样有可能是孩子对这门课没兴趣。

因此，没有任何一种信念在任何一个环境里总是有效的。有什么样的信念就会有什么样的行为，不同的信念起着不同的作用。

当一种信念限制我们更好地提升，限制我们获得更多可能性、取得更多收益时，这种信念就变成了限制性信念（Limiting Beliefs）。

这种信念直接使人产生行为上的限制，当我们在思想上认为一件事是不可能的时候，我们自然就不会去做，自然就不会有什么好结果。

2.2.2　检验自己的信念

有一位叫康拉德·劳伦兹的行为学家，他曾经研究过鸭子的行为，发现刚出生的小鸭子会把第一眼看见的会移动的物体当成自己的母亲，跟着那个物体走。这个物体不一定要是生物，滚动着的乒乓球都可能会被小鸭子当成鸭妈妈。小鸭子的大脑在出生的那一刻便形成了一种限制性信念。

要发现自己的限制性信念并不容易，这需要我们刻意观察自己，重新审视自己，不要轻易相信那些既定的思想，不要简单地认为"事情就应该是这个样子的"。

我们常见的限制性信念有哪些呢？

1. 我没有办法

因为这种信念，很多人常常被困难阻碍。事情不会总是一帆风顺的，我们总会遇到各种各样意想不到的困难，但一些人往往认为没有办法解决困难。

2. 我不会成功

因为这种信念，很多人很努力地工作，但是在迈临门一脚时，往往出现担心、害怕、忧虑等负面情绪，结果导致工作做得不好，甚至失败。有些人甚至从来不敢想象自己会成功，坚定地相信自己只配做一个普通人，一味地原地踏步。

3. 对我来说太晚了

有的同学觉得自己小时候就学习不好，就算现在想学习，也晚了，肯定学不好。若你知道我清华大学隔壁宿舍那个在高三逆袭的同学，这种信念便能不攻自破。

褚时健 76 岁的时候开始种橙子，作家吴亮 60 岁时才出版自己的第一本小说。什么时候是早？什么时候是晚？早晚都是由自己定义的。

如何检验一种信念是不是限制性信念呢？我们可以看这个信念有没有反例，如果有反例，就说明它是一种限制性信念。

举例如下。

每天那么多课业，哪里忙得过来？

为什么有的同学能忙得过来，而且把时间安排得很合理呢？忙不过来，也许是自己不懂得时间管理的方法。不如思考一下如何做好时间管理。

我不够聪明，所以学不好。

是不是每一个学习好的人都很聪明呢？答案显然是否定的。费曼的智商就不高，但他成了物理学家。我的智商也不高，却能考上清华大学。

我这人就是这样，改不了了。

难道你就没有曾经做出过改变的经历吗？是什么让你改变了？是不是明知前面是南墙，你偏要撞呢？

这件事实在太难了。

难的标准是什么？具体是难在哪里？一点办法没有吗？如果有，可以做什么呢？你有没有做成过比这更难的事呢？

这是不可能做到的事情。

有没有别人可以做到？别人是怎么做到的呢？为什么你会认为自己做不到呢？

男孩子就该……女孩子就该……

是不是每个男孩子都这样？是不是每个女孩子都那样？有没有人不是这样，却活得很好呢？为什么非要被条条框框给限制住呢？

如果想要学习好，就得放弃全部休息时间。

真的是这样吗？学霸难道一点休息的时间都没有吗？学霸就没有课余活动了吗？学霸真的活得很无聊吗？这条我可以作证，当然不是这样，很多学霸的生活丰富多彩。

> 费曼除了科学上的成就，还涉猎艺术方面的知识。在晚年时，他甚至对图瓦共和国以及流行于图瓦的喉音唱法"呼麦"产生了很大的兴趣。

我们可以用这种方法检验自己都有哪些限制性信念，找到这些限制性信念，从今天开始就把它们扔掉。

2.2.3 打破限制性信念

发现自己的限制性信念之后，该如何消除它们呢？

如果能直接扔掉，自然是最好的。如果不能，有一个非常简单又好用的方法。这个方法可以分成 5 步，分别是困境、改写、因果、假设、行动。

以某人有"我很笨，就是学不会物理"这种限制性信念为例。

1. 困境

首先，发现自己的困境。"我很笨，就是学不会物理"中，真正的困境不是"我很笨"，而是"学不会物理"。实际上，我们仔细思考后会发现，"我很笨"是这个人为"学不会物理"找的借口，这样他就可以心安理得地不付诸行动。

在这一步中，我们要明确当下待解决的具体问题是什么？客观事实是什么？我真的很笨吗？ 那我是不是什么事情都做不好呢？如果不是，为什么我能做好别的事呢？

2. 改写

既然"我很笨"不是事实，"学不会物理"是真正的困境。那么，我们就要改写这个状态。例如，我们可以将其改为"到目前为止，我物理学得不好"。

困境中描述的学不会物理是一个死状态，没有任何改善这种状态的暗示。但改写后，表示只是暂时还没有达到某种状态，暗含着一个努力的方向和一种对达成这种状态的预期。

原来的导向是消极的，是不需要我们付诸行动的；改写后的导向是积极的，我们可以通过行动改变现状。

3. 因果

明确了困境，改写了消极的限制性信念之后，我们就要积极思考出现这种状态的原因了，也就是思考为什么"到目前为止，我物理学得不好"。

这时候我们会发现，事实是"因为过去我未能合理筹划物理课程的预习，未能拿出时间在课后复习，未能理解并记住所有的物理公式，未能多做一些练习题以搞懂每种题型的解法，所以到目前为止，我物理学得不好"。

在这一步，我们要客观评价，找出自己出现这种状态的全部原因。

4. 假设

找到原因之后，我们可以采取一些积极的假设，例如"合理筹划物理课程的预习，拿出时间在课后复习，理解并记住所有物理公式，多做一些练习题并搞懂每种题型的解法，我或许就可以把物理学好了"。

这一步是在上面3步后，拟采取的行动和解决方案，是我们在内心种下的一颗希望的种子，将原来的"我不行"变成"我也许能行"。

5. 行动

这一步是指将第4步的所有假设付诸行动。在行动过程中，我们可以留心自己的每一个微小的变化。当发现自己变得越来越好时，我们能获得一种正反馈，给自己更多激励，从而有助于进一步采取行动。

如果目前还没有发生改变，也不要气馁，这时候我们要重新审视第3步因果和第4步假设的逻辑是否成立，是不是我们对这件事有错误的理解和认识。

以上5步完成之后，我们就可以抛开"我很笨，就是学不会物理"这种限制性信念了。

人有能力成为想象中的那个更好的自己。

人们会对那些对自己有利的、正面的、积极的信息进行思考和推敲，在大脑中提取自己需要的资料，然后通过潜意识告诉自己，自己就是这样的人，自己具备这个特质，而且会自动地帮助自己寻找很多的证据。

> 这就是为什么当别人表扬我们的时候，我们会觉得别人表扬得对，自己就是具备别人表扬的那个特质，而且在未来的行为中也会刻意去呈现出别人表扬的那些特质。但当别人批评我们的时候，我们会觉得不舒服，有可能会反驳对方，也可能很快就忘了。

正面的心理暗示往往比负面的心理暗示有效。时刻想象自己是一个勤奋的人，慢慢地，我们就会深信自己就是这样的人并有可能逐渐成为这样的人。

人在性格特质和行为偏向上，是可以成为自己想成为的那个人的，这就看我们的信念有多强了。

> 我们可以拿出纸笔，尝试写下以下两个简单问题的答案。
> （1）我究竟想成为什么样的人？
> （2）现在的我能为将来的我做些什么？

把自己当作5年后的自己，审视当下在做的事，确保自己做的每一件事都在帮助自己一步一步接近理想中的自己。

如果想成为那个人，我们就要下定决心像那个人一样地去思考、行动，这样坚持一段时间之后，我们就可能成为自己想成为的那个人。

2.3 警惕学习中的阿 Q 精神

阿 Q 精神从来就没有消失过，它最主要的特点就是精神自慰。阿 Q 们盲目乐观，消极处事，又不想通过现实的奋斗来实现目标，只想得到精神上的假想和虚妄的胜利。这种负面的精神胜利法只会麻痹人的斗志，为苟且找到心安理得的借口。

2.3.1 阿 Q 精神毁一生

我老家的邻居家有个小男孩，刚读高中。全班一共 60 人，他的考试成绩基本稳定排在 50 名左右。有次我过年放假回家，他母亲来找我寻求帮助。

我说："我高中课程早已忘光了，怕是辅导不了他。"

这位母亲说："没关系，不是想让你辅导他，他不笨，但不听我们的话，我觉得他很可能会听你的，你帮我开导开导他吧。"因时间充裕，我就答应了下来。

跟男孩聊天时，我发现他不仅不笨，反而应该算是非常聪明的。

他为什么成绩差呢？因为他喜欢玩游戏，多次和同学组队去不同的城市参加比赛，不过比赛成绩平平。

当我跟他聊学业时，他会嘲笑那些学习好的学生都是书呆子，说他们有的人连电脑都不会用，跟这些人一块玩游戏的时候，他们反应慢、意识差，根本比不上他。

当我跟他聊起游戏时，他会嘲笑那些职业玩家都是从早到晚地玩，一天至少练习 12 个小时，坐着不动，而且精神高度紧张，很多人颈椎已经出了问题。

当我跟他聊起他的母亲对他的现状不满意时，他说别人家的孩子还不如他呢，他只不过是成绩差，他的同学有抽烟、喝酒成瘾的，有离家出走的，甚至还有打架的，他已经算是个很乖的孩子了。

多么有趣，不论我跟这位男孩聊什么，他都不会表现出消极情绪。他的逻辑如下：

（1）跟学习好的人比，我游戏玩得好；

（2）跟职业玩家比，我健康；

（3）跟那些不良少年比，我不良嗜好少、缺点少。

所以，他可以通过这种"良好的自我调节"，乐观、开朗、健康地茁壮成长。

跟男孩聊完后，我想我应该帮不了这位母亲。我跟她说了一下我的想法，希望她再找别人试试。

后来，这个男孩高考只考了 200 多分（满分 750 分），去了一所民营私立专科学校，毕业后找了几份工作都不合适，在家啃老。

这个男孩的思维，像极了鲁迅笔下的阿 Q。这类人永远喜欢往下比，永远很满足，永远认为自己没问题。

我这里有缺陷，没关系，跟某某比，我在另一个方面还比他好呢，所以根本不算问题。因为没有问题，所以不需要改变。因为不需要改变，所以许多年后，别人通过努力成了自己想成为的那个人，而他依然是他，永远是他。

> 按照这个逻辑，这类人甚至可以推导出自己比股神巴菲特强，可能仅仅因为他们的厨艺比巴菲特好或者比巴菲特年轻；他们也可以推导出自己比费曼强，可能仅仅因为他们在游泳方面非常出众。

实际上只要他们想，他们可以比世界上的任何一个人都强，这仅仅需要他们能在任意一个方面比别人强就够了。

鲁迅先生已离去这么多年，阿Q们却一直都存在。他们永远能找到一个角度往下比，永远很满足地活在自己的世界里，永远不愿承认自己的缺点，永远不愿意付出努力和尝试，永远用阿Q式的思维逻辑来抹杀自己曾有过的那一丝梦想和追求。

2.3.2 阿Q精神的成因

有些人拿"短板理论已经不适用"作为容忍自己技不如人的借口。说互联网社会就是要扬长避短，有缺点根本不必在意。

我认可短板理论在不同情况下的适用性不同，但阿Q精神与短板理论无关。

阿Q精神是拿自己在某一领域处于优势的部分和别人在这个领域的劣势做比较，让自己自我感觉良好。这其实是人类大脑的自我安慰策略。

阿Q精神的原理是，当人在自我价值感受到威胁时，为了让自己的自尊水平不会降低，而进行的一种叫作"下行比较"的动作，最后得到"比上不足，比下有余"的结论。

而所谓的短板理论不适用的前提通常是长板足够长，能形成明显的竞争优势，短板的短不会影响到长板的竞争优势或会被其他方面补足。

有些人把乐观和阿Q精神混为一谈。它们确实很像，但有本质的不同。不同之处在于二者就引导未来的作用，前者大多是向上的，而后者大多是向下的。

乐观是今天考试没考好，是因为我不如别人努力，我继续努力之后会考好的。

阿Q精神是今天考试没考好，不过没事，还有那么多人比我考得差，我还不错，就这样挺好。

乐观是积极的，而阿Q精神是消极的。

乐观不一定使人进步，但阿Q精神一定使人不会进步。

如果说世界上所有人的心智模式分为两种：一种是阿Q，另一种是非阿Q。

总有一部分不思进取、故步自封、甘愿为人后的人成为阿Q，你永远也叫不醒这部分装睡的人。有一部分人会保持一定的清醒，能通过自我调节，时刻提醒自己保持在非阿Q状态。

还有一部分人，他们拥有目标却暂时迷失，愿意努力却暂时迷茫，不甘平庸却暂时迷惑。也许能够被唤醒的，正是这部分人。

费曼说，不能欺骗自己，而自己是最容易被自己欺骗的，所以我们必须十分小心，时时刻刻保持清醒。

> 这是一种宝贵的品德。在不欺骗自己的前提下，我们才能做到不欺骗别人。

阿Q还是非阿Q？选择权在我们自己手中。

2.3.3 突破阿 Q 精神

阿 Q 精神的本质是一种现实逃避，自我封闭，让个体活在自己的世界里的思维方式。用阿 Q 精神来处理问题，问题依然存在，没有减少。如果不想办法解决，问题只会越来越多。

有人说，凡事看开，世界就会更美好。可看开了之后，世界真的变美好了吗？例如，对于各种环境污染问题，我们看开了、灵魂得到升华了，它们就不会对我们造成危害了吗？

又如，贫穷问题、饥荒问题、难民问题，我们看开了，这些问题自己就能解决吗？难道我们真的需要这样不折不扣的精神胜利法来让自己快乐吗？

也许，我们真正需要的是每天起床时想一想今天要干什么，而不是只知道对着镜子欣赏自己。

我们真正需要的是每天睡觉前想一想今天我有什么做得不好的地方，该怎么改进，而不是只知道跟自己说明天会更好。

我们真正需要的是遇到问题后多花时间仔细想一想该怎么解决问题，而不是只知道跟自己说我挺不错的。

只有这样，我们才可能变得敢于面对问题，善于分析问题，懂得解决问题。

我们需要的不是欺骗自己的能力，不是凡事看开的能力，而是"自我修复的能力"。

我们可能不够好、不够优秀，也可能会失败或技不如人。但如果我们拥有自我修复能力，这些就都不是问题。

时代在发展，每个人在一生中都可能要经历在 2 到 3 个城市生活，在 3 到 4 个行业工作，都会成功或者失败很多次。

我们能看到那种十亿、百亿级别的公司在几年之内迅速崛起并发展壮大，同时我们也能看到很多千亿级别的公司在几年之内迅速衰落。

> 对于我们每个个体来说，害怕失败而不行动绝不是问题的解决方案。

很多孩子从小在父母创造的优越环境下长大，人生的挫折经历得少，遇到挫折后，总想着要逃避。

反而是那些从小磕磕绊绊，经常被生活踩躏，但是越踩躏越强大的人，会成为这个社会的胜者。

尼采曾经说过："那些杀不死我的，终将使我变得更强大。"

这正是自我修复能力的核心：即使生活抛弃了我们，给予我们各种创伤，我们也要拥有一种极其可贵的修复能力，使我们免于支离破碎的命运，能够重归发展之路。

我们甚至可以看到，有些自我修复能力强的人把苦难变成他们人生的大学，从而做出了常人没有做到的令人惊叹的事情。

那我们该怎样提升自我修复能力呢？

遇到挫折以后，许多人会告诉自己或别人"到大自然中去，去寻找，去行走，去完成心灵的唤醒和释放""不必凝聚在一件事情上，要学会转换，一切就好了""让快乐的力量来帮助心灵进行修复"等好听但不解决任何实际问题的话。

实际上，任何寻求安慰的行为都不会让我们成长。要使内心变得强大，我们就要学会独自面对，而不是一味找人倾诉，因为如果我们自己都无法厘清自己的情况，找别人又怎么讲得清楚呢？如果我们自己可以厘清自己的问题，又何必要去跟别人讲呢？

费曼说，一个人年轻的时候，有很多需要担心的事情，担心别人的眼光，父母的看法，害怕做出决定，但是我们完全没有责任去符合其他人的期望，而要聆听自己真实的想法，然后做出决定，坚定地走下去。

给自己一些时间，懂得原谅自己和鼓励自己。

成长其实是特别艰难的自省，我们必须抛弃所有说给自己和别人听的漂亮话，正视自己当前的能力不足和不可得，在这个过程中我们可能一遍又一遍地被挫折击倒。

然后我们才会懂得，成长与改变无关，我们只是学会了选择自己所能承受的。所以，逃避不会解决任何问题，只会为下次再犯同样的错误埋下伏笔。

冰冻三尺非一日之寒，要真正明白自己的现状，我们就必须对自己绝对诚实，然后一点一点有针对性地改变。没有不可治愈的伤痛，没有不能结束的沉沦，所有失去的，都会以另一种方式归来。

2.4 建立自信并自我激励

自信是行动的前提，有了自信心，我们才更愿意开始行动。为了避免懈怠，我们还需要自我激励，自我激励是指不断给自己加油打气，让自己能够持续行动。

2.4.1 建立我能学好的自信

高中时，我有个同桌学习非常用功，每个知识点他都理解，但成绩总在中游。为什么呢？

原来是每次考试时，他每答完一道题目，总觉得不放心，非要检查好几次，才做下一道题目，导致后面 2~3 道大题没时间做。他的高考成绩也只是刚刚达到本科分数线，他最终上了一所普通本科院校。

自信心对学习非常重要，但总是有人经常处于不自信的状态。那么，有哪些小技巧可以增强自信呢？

1. 最简单的技巧是重复

不断重复、不断训练，直到将技能烂熟于心，这样才能在遇到各种突发状况时应对自如。假如我们曾经练习过很多次，已经炉火纯青了，自然而然就会充满自信。

不要在一开始就给自己设置心理障碍和限制，费曼在学习时也遇到过巨大的困难，但是他的老师建议他把心态调整到学生的状态。他的老师是这样说的："把这篇论文带到楼上，逐字逐句地读，检查每一个方程式，然后你就什么都懂了。"

费曼接受了老师的建议，反复地阅读，仔细地咀嚼那篇文章，发现它其实非常简单，只是自己一直很抗拒去读它，才使它显得无比深奥。

2. 持之以恒，不惧失败

任何人在一生中都会经历无数次失败。《哈利·波特》的作者 J.K. 罗琳曾经被拒稿 12 次，才得以出版《哈利·波特》。

失败也许会消磨你一定的自信，让你产生自我怀疑，但同时，只有当你经历过失败，成功地从失败的阴霾里走出来，你才能说，我不惧怕失败。

我的高中同桌正是因为惧怕失败，才会花费太多时间在检查上。

3.远离负能量的人

生活中不乏傲慢、自我和假装自信的人。常言道："近朱者赤，近墨者黑。"我们如果想增强自信，就一定要远离那些负能量的人，靠近那些正能量的人。

负能量的人总是盯着解决方案中的问题，而正能量的人总能发现问题的解决方案。

4. 不要自我贬低

人生总会遇到低谷，处于低谷的时候，我们可以尝试给自己写一封"自夸信"。在信上写出那些曾经让自己感到骄傲的事情，这些过往的成功经历会帮自己度过低谷。即使没有特别的闪光之处，我们也要相信"天生我材必有用"。

最后，我们要做最独特的自己，要相信自己。理由如下。

（1）只有自信才能帮助我们面对困难，坚持下去。

（2）只有自信才能让我们更专注于每件事，取得成功。

（3）只有自信才能让我们有勇气进行尝试，掌握更多的知识。

2.4.2 自我激励的2个方向

除了建立自信之外，我们还要学会自我激励。

当消极想法在脑海中不断呈现时，它可能会进一步体现在行为上。这时候，我们需要花费大量精力来对抗这些消极情绪，能分配到学习上的精力就少了很多。

> 这时，我们只需要记住一点——自己的生活，自己来主宰。然后，实施一些必要的自我激励。放空思想，排除杂念，将注意力聚焦在手头的学习上。

初中时，我的老师经常说："大家努力复习，争取考 100 分。"

我听着心潮澎湃，为了激励自己，专门在纸上写下"我要考 100 分"，并将纸贴到了桌子上。

同桌看到后，嘲讽道："你这就是在给自己画大饼。"

我愤愤不平，开始留意他的一些行为，想找些他的糗事，把这口气还回去。

功夫不负有心人。我发现他有一个癖好，就是喜欢在笔记本上标记各种错误情况。有的是老师上课时强调的错误情况，有的是他自己做错题的情况，甚至还有我在课上回答问题时答错的情况。他把每种情况都用圆圈圈起来，并在旁边标记"大坑"。

每次他翻笔记时，我就会说："你又在挖大坑呢？"

他也会不屑地回复："你知道什么，这东西看着可来劲了，哪像你那个 100 分的大饼。"

"你在画大饼""你在挖大坑"，我们就这样斗着嘴。曾经有一段时间，"大饼"和"大坑"成为我们两个人之间的专用外号。

后来，我学了心理学，才理解同桌这样做的原因。每个人做事都需要动力，人本能的动力就是趋利和避害。

基于这两种不同的动力，心理学家海蒂·格兰特·霍尔沃森将人划分为两类：成长获取型和安全负责型。

成长获取型的人害怕自己得不到某个东西。我就是这种类型。老师说，大家要争取考 100 分。我就想着，我要考 100 分。每次考试，我都希望我能考第一。我不断给自己"画大饼"，我要努力得到某个东西。这样，我就更有干劲，能朝着自己的目标拼搏。

安全负责型的人害怕自己失去。我的同桌就是这种类型。他看到别人犯了错、吃了亏，就想着自己不要栽同样的跟头。他记录各种错误情况，就是怕自己犯同样的错误，失去应该得到的分数。为了避免犯错，他也充满干劲，努力地学习，保证自己做对每道题。

这样看，我和同桌殊途同归。两个人按照各自的方式，激励着自己，都取得了比较好的学习成绩。

但如果我们两个人交换自我激励方式，可能效果就没这么好。因为我总想着收获更多，而不是避免犯错。同桌刚好相反，他努力让自己做对每件事情，而不是想要获取更多。

学习的过程充满了各种挫折，我们需要以正确的方式激励自己。所以，在自我激励的时候，我们首先要判断自己是属于哪种类型的人。

如果我们希望得到更多东西，那就是成长获取型的人。这时，我们应该多想努力后我们可以得到什么。

如果我们只是希望不失去东西，那就是安全负责型的人。这时，我们就应该多努力，避免失败和失去。

找到适合自己的自我激励方式，我们就可以在学习中获得更强的动力，去应对学习中的各种困难。

03

第 3 章

利用费曼学习法掌握高效学习技巧

在破除心理魔咒，树立非限制性信念，建立自信并实现自我
激励后，我们就可以采取学习行动了。但学习要讲究方法，
方法不对，不仅事倍功半，而且可能会打击我们的自信心，
让我们又陷入不自信的心理魔咒中。

3.1 避免低水平勤奋

在个人成长领域有个词，叫低水平勤奋，指的是付出相同的努力，有的人收获得比较多，有的人收获得比较少，收获得比较少的，就属于低水平勤奋。低水平勤奋产生的原因，通常是没有掌握正确的思维方式和学习方法。

3.1.1 别只是看起来很努力

很多同学很努力，而很多同学只是自以为很努力，或者说看起来很努力。什么叫看起来很努力？即其采取的行动不能产生有效的结果。

从小学到高中，班里总有一些同学看起来非常努力，到学校很早，听课也很认真，也主动完成作业，但考试成绩总是一般。

总结起来，这些看起来很努力的同学会有以下一些表现。

1. 不懂回顾

很多同学特别忙，每天有做不完的练习，但他们宁愿做 100 套新题，也不愿总结和复盘。

没有总结和复盘，我们就难以发现自己的知识盲区。结果是，会做的题还是会做，不会做的题还是不会做。

这类同学其实需要一本错题本，正确记录和使用错题本，坚持总结和复盘，就能跻身前列。

2. 佛系努力

很多同学对成绩没有过多追求。他们认为考试不能体现一个人的全部能力，只要自己认真学了，就可以了。这导致他们对成绩佛系，慢慢地对学习也佛系。

> 人做任何事情都需要动机，动机越强烈，就越有干劲，学习也是如此。学习知识要有一个长远的目标，实现这个目标的过程可能长达十几年。其间，我们需要设定一个个短期目标，来激发我们学习的兴趣。通过考试拿到好成绩就是一个较好的短期目标。

所以，太佛系只会让我们缺乏动力，以至于学习效率低下。

3. 盲目计划

很多同学喜欢做计划，今天准备每天背 20 个单词，明天准备每周做 10 套卷子。他们只专注于制订计划，而不重视如何实施计划。

最后的结果是，计划制订不科学，无法坚持下去，成绩非但没提高，心理负担却越来越重，甚至产生焦虑。

正确的方式不是重视计划，而是重视行动。学好每天的内容，做好查缺补漏，就能获得好成绩。

4. 远离老师

很多同学由于面子问题，遇到不懂的题目或知识点不好意思去问老师，只想自己搞明白。结果可能花了大量时间，却不清楚自己到底对不对，经常陷入错误循环。

答疑解惑是老师的天职，不懂就问是学生的权利。积极主动问老师，不仅可以解决当前问题，还可以帮助我们及早发现自己的思维漏洞或者缺陷。

所以，正确的理念是"多问老师是为了以后少问老师"。

5. 没有竞争

很多同学只跟成绩差的同学比，总觉得自己学得并不差导致他们在学习上没有竞争意识。

我们只有和比自己更好的同学比较，才更容易发现自己的不足，加以改正。所以，多观察学霸，了解学霸的学习方式，取长补短，这样才能进步更快。

我们要避免以上做法，做到真正努力，而不是自认为很努力，或者只是看起来很努力。

3.1.2 突破舒适区才是真学习

有的同学每天也花很多时间复习和做题，但成绩一直提不上去，为什么呢？

因为这些同学也在低水平勤奋，不断重复地做类似的题目，学不到更多东西。

为什么这些同学一直重复做类似的题目呢？因为这些题目做起来比较容易，自己都懂，甚至已经到了不需要动脑子就能做出来的境界。

这时候虽然美其名曰是巩固知识，其实是不愿意突破，不想碰那些更难的知识。

熟悉的地方，没有风景。不走出舒适区，我们永远学不到新东西。

什么是舒适区？

心理学家把我们在应对任何情况时的心理状态分为 3 个层次：最里面的一层叫舒适区，向外扩展的第一层叫成长区，再向外扩展的第二层叫恐惧区，如图 3.1 所示。

```
恐惧区
成长区
舒适区
```

图 3.1　心理状态的示意图

　　每个人都有自己的"舒适区"，在这个区域里会感觉很舒服，一旦离开了这个区域就会感到不舒服。如《谁动了我的奶酪》一书中，小老鼠在原来的窝里觉得非常舒适，一旦出去就感到彷徨、无奈，甚至恐惧，所以它不愿出去。这个窝就是小老鼠的"舒适区"。

　　成长区是让自己刚刚踏出舒适区一些，但我们又可以通过学习来适应的区域。理想状态下，学习最好在成长区完成，因为如果我们把自己推得过猛，很有可能把自己推入恐惧区。在恐惧区里，我们会把大量的精力用于应对自己的焦虑和恐惧情绪而没有足够的精力去学习。

　　这个关于心理舒适区的理论来自心理学的一个经典实验。

　　1908 年，心理学家罗伯特和约翰提出，人们在相对舒适的心理状态下表现是稳定的，然而，我们需要增加一点焦虑，也就是比正常状态略微大一点的压力来使我们达到最佳表现。增加的这一点焦虑被称为最佳焦虑（Optimal Anxiety）值，这一点焦虑刚好能使我们达到舒适区的外沿。

　　走出舒适区，我们能获得什么？

停在港湾的船是安全的，但这不是驾船航行的意义。

其实舒适区本身并没问题，就像家一样，温暖舒服。但如果我们因为家的温暖而放弃了去外面看看的梦想，是挺可惜的。

我们都有过想出去看看然后被爸妈叫停的时刻，但大多数坚持出远门的孩子，也没有忘记回家的路。他们的眼界开阔了，知道世界很大，而自己很渺小。

看，舒适区，就这么变大了。

苹果前副总裁海蒂·罗伊森说过："如果你做的事情毫不费力，就是在浪费时间。"

> 如果我们总是在自己的舒适区转悠，不愿意走出来。久而久之，我们在某个领域确实会成为"卖油翁"般的能手。但如果我们忽略了更多应该学习的知识，就会变得故步自封。

当我们试着迈出舒适区，才能真正发现，原来困境多是自我的臆想。

我们在刚刚迈出舒适区时，会经历不适。而一旦撑过前期的不适，坚持便不再是坚持，而是一件顺理成章的事。

走出舒适区的我们会遇到那个让我们怦然心动的自己。我们会惊讶地发现：我从来没想过，自己原来可以如此绽放！

3.1.3 学习的黄金圈法则

有一次和朋友吃饭，我的一位朋友问桌上所有人："如果你们去山上砍树，山上一共有两棵树，一棵树是粗的，另一棵树是细的。你们只能砍其中一棵，你们会选哪一棵？"

问题一出，大家有些不解，有人说："当然是砍那棵粗的树了，这还用问？"

我这个朋友笑了笑，说："如果那棵粗的是一棵普通的杨树，不值钱；那棵细的却是红松，你们会砍哪一棵呢？"

大家想了想，红松比较珍贵，说："那就砍红松吧，因为杨树不值钱！"

他带着不变的微笑看着大家，问："那如果那颗杨树是笔直的，那颗红松却歪七扭八不成样子，这时候你们会砍哪一棵？"

大家越来越疑惑，有人说："如果这样的话，还是砍杨树吧。红松弯弯曲曲的，什么都做不了呀！"有人说："还是应该砍红松，即便红松再弯曲，价值还在，还是可以做成一些小工艺品。"

他目光闪烁着，大家已经猜想到他又要加条件了，果然，他说："如果，杨树虽然笔直，但因为年份太久，中间已经空了。这时，你们会砍哪一棵？"

虽然搞不懂他葫芦里卖的什么药，大家还是从他所给的条件出发，说："那看来还是要砍红松，杨树中间都空了，没有用！"

他紧接着问："可是红松虽然不是中空的，但它因为扭曲得太厉害，砍起来非常困难，你们会砍哪一棵？"

终于，有人忍不住了，问："你葫芦里到底卖的什么药？你要加什么条件能不能一次加完？"

他收起笑容了，说："你们怎么就没有一个人问我，到底砍树是为了什么呢？虽然我的条件不断变化，可是最终结果都取决于最初的动机啊。如果想取柴生火，就砍杨树；如果想做工艺品，就砍红松。你们当然不会无缘无故提着斧头上山砍树！"

知道怎么做，是第二步，知道为什么，才是第一步。

知道为什么，不仅是掌握知识的关键，也是人类行为的核心。这其实是西蒙·斯涅克提出的"黄金圈法则"，如图3.2所示。

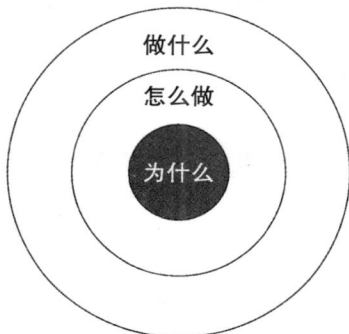

图3.2 黄金圈法则

大部分人的思考、行动和交流方式都是由外向内的，即是"做什么—怎么做—为什么"。而许多成功的领袖或管理者的思考、行动和交流方式是从内向外的，即"为什么—怎么做— 做什么"。

例如，很多电脑公司说服别人购买自己产品的时候是这样说的："我们生产电脑。我们的电脑性能卓越，使用便利。快来买一台吧！"而苹果公司传递信息的顺序恰恰相反："我们永远追求打破现状和思维定式，永远寻找全新的角度。因此，我们会设计出性能卓越、使用便利的产品。电脑是我们所提供产品中的一种，想要买一台吗？"

在学习上，这种思维也非常重要。很多同学总是以为自己知道了某些题该怎么做，但题型稍微变换一下，就不会做了。也就是俗称的"一看就会，一做就错"。

> 这是因为知道"怎么做",只是表象,知道"为什么这么做",才是本质。只有知道为什么这么做,才是真正掌握了知识,才能举一反三。这时候就算题目的形式不断变化,我们依然能够抓住知识的内核。

学习的关键,是学会"为什么",而不仅是"怎么做"或"做什么"。

3.2 提高记忆效率的方法

提高记忆效率是有方法和技巧的,方法得当,不仅记得快,而且记得牢。要提高记忆效率,我们首先要理解记忆的真相,根据记忆的原理采取高效的记忆方法。

3.2.1 记忆的真相

一说起记忆,就必然要说到海马体。海马体是记忆的开关,它就像是一个守门人,决定了我们应该记住哪些,应该忘记哪些。我们要提高记忆效率,就要善用海马体。

1. 神经元回路

记忆肯定是存在大脑里的,再深究一下,是存在大脑的什么地方呢?是以什么形式组织起来的呢?

根据最新的脑科学研究,记忆藏在神经元之中。人脑中有 1000 多亿个神经元,每个神经元存储一小片信息,类似电脑中存储一个字符。而这些神经元互相连接,就像蜘蛛网一样。

我们要回忆一件事，本质上是调动各个神经元，让这些神经元把信息汇集起来，通过神经纤维，组成一个大的信息块。

是不是难以理解？举个例子，假设张三要解方程，看到题目后，他开始思考。

（1）首先判断这是二元一次方程，这个结论存储在神经元 A。

（2）神经元 A 发出信号：谁知道二元一次方程的解法？

（3）神经元 B、神经元 C、神经元 D 一起回答：我知道！我知道！然后，它们把存储的解法传给神经元 A。

（4）神经元 A 看了神经元 B 的方法："你只能解一元方程，靠边站！"，然后看了神经元 C 的信息："你在说一级方程式赛车的事，一边待着！"

（5）最后神经元 A 看到神经元 D 的信息："小伙子，我找的就是你！"

（6）神经元 D 马上开始工作。但是解二元一次方程有好几种技巧，神经元 D 又找来神经元 E、神经元 F、神经元 G，根据题目的需要，选择最省事的解法。

（7）神经元 D 圆满完成任务，把数据传给神经元 A。

所以，记不住可能是记忆没有得到有效存储，也可能是神经元的连接出了问题。

2. 短期记忆和长期记忆

大脑通常把记忆分成两种：短期记忆和长期记忆。

举个不是特别恰当的例子，短期记忆像是电脑的内存，临时使用，过一段时间就被覆盖掉了；而长期记忆像是硬盘，被永久保存在大脑中。

举个现实的例子。

今天上午我要去理发，这就是短期记忆，大脑认为这件事不太重要。如果有朋友请我吃大闸蟹，我一激动，就可能把理发的事情抛之脑后了。

而炒菜的时候，热油溅到手上很疼，大脑认为很重要，因为这影响到个人安全了，所以会将这件事收入长期记忆，无论什么时候，我们都会记得这件事。

3. 检查员海马体

为什么把信息变成长期记忆那么难呢？

因为我们接触的信息量太大了。有科学家推测，如果把我们看到、听到、想到的事情都变成长期记忆，用不了一小时，大脑就会"死机"。

我们每分每秒都会接触到大量信息，要把每一项信息都记住是没有必要的。

这时候，就需要一个"检查员"来判断，哪条信息很重要，将其变成长期记忆；哪条信息没什么用，直接放弃。这个检查员就是海马体。

为什么叫海马体呢？

因为它的形状很像小海马，所以科学家风趣地将其命名为海马体。只有被海马体判定为非常重要的信息，才会成为长期记忆。一般来说，除了与生存相关的信息，其他信息很难一次性通过海马体的"检查"。

例如，虽然我们聪明，也知道英语考试需要我们记住很多英语单词，但为什么我们就是很难记得住呢？因为在海马体看来，英语单词根本不重要，即使完全不会，也不会危及生命，所以不会让英语单词轻易变成长期记忆。

那问题来了，信息如何能通过海马体的检查呢？

在海马体看来，很多信息记不住是正常的，因为根本没必要记。但我们学习知识，需要记住很多在海马体看来"无用"的东西。这时候我们要研究海马体的原则，按照原则办事。

1. 反复记忆

如果一种信息反复出现，海马体就会提高警惕："这个东西怎么总让我看到，应该很重要，我要留意一下。怎么又来了？看来的确重要，变成长期记忆吧。"

2. 充分联想

海马体也会"徇私舞弊"，如果我们把知识和生存结合起来，知识就更容易被记住。例如在学习生物知识时，不要从心里觉得与自己无关，而是想想此时此刻，自己的身体正在进行的那些复杂的生化反应。海马体一看："哇！很重要，记下来。"

3. 肉体刺激

海马体对肉体刺激最积极，所以我们可以制造一些肉体刺激。例如学习交规时，感觉记忆困难，就可以把自己想象成正在驾驶的司机，体会自己在执行左转、右转、刹车等动作时，身体与汽车接触的触感。

4. 重点记忆

如果一段时间只记忆一两件事，海马体会很重视。如果一下子要记住七八个知识点，海马体就懵了，我们就很可能统统记不住。

3.2.2 黄金记忆法

我刚开始学英语时，老师说背单词是学习英语的重点。那时我不懂词根，也不懂记忆方法，背单词全靠死记硬背。

我每天上午和下午专门抽出半个小时背单词。结果背了后面忘了前面，复习时发现没记住几个。我就感觉很绝望，觉得自己一辈子都学不好英语了。

有次我躺在被窝睡不着，不甘心，又拿起书复习一遍单词。第二天早上再背单词时，我惊奇地发现，晚上背的单词竟然记得八九不离十。难道被窝有神奇的力量？

我开始不断折腾，甚至中午跑回家钻进被窝里记单词。最后我发现，记得牢和被窝没关系。而是在睡前和醒后背单词的效果较好。

多年后，我才明白这个现象背后的道理。遗忘曲线的提出者艾宾浩斯发现，记忆间存在互相干扰，尤其是类似的信息。

这种干扰分为两种：前摄干扰和倒摄干扰。前摄干扰是指老信息的记忆会干扰新信息的记忆，倒摄干扰是指新信息的记忆会干扰老信息的记忆。

记忆相互干扰的原理是什么呢？如果我们每天晚上都在家里吃饭，就很难记住前天晚上和昨天晚上吃过什么。因为这两段记忆具有接近的时间点、相同的地点、相同的对象（家人）。但如果前天晚上是和同学一起在餐厅吃的饭，我们就很容易记住。

我在上午和下午都抽时间背单词，结果就是上午的记忆干扰了下午的记忆，下午的记忆也干扰了上午的记忆。时间花了，效果却不好。学校每天安排不同的学科供学生学习，就是为了避免记忆干扰。

> 从记忆干扰的角度，"睡觉前"和"醒来后"是两大记忆的黄金时段！睡觉前不受后摄抑制的影响，更容易记忆。醒来后不受前摄抑制的影响，新记忆会比较深刻。另外，睡眠过程中记忆并未停止，大脑会对接收的信息进行归纳、整理、编码、储存。

睡前这段时间非常宝贵，是学习的好时机，我们应尽量少卧谈，少玩手机。建议大家晚上睡觉前，快速翻看一遍白天的重点知识，或翻看一遍错题本，然后快速进入睡眠状态，这样效果最好。早上醒来，再重复一遍睡前的复习行为。

3.2.3 理解记忆法

对一个知识点进行深度挖掘，了解知识点背后的更多内容。即使这些内容不在考试范围内，也可以帮助学习和理解当下的知识点。

因为学习这些延伸的内容，不仅能让学习知识不再干巴巴的、没有意思，而且能帮助我们弄清知识脉络。

对知识的理解越深刻，记忆也就越深刻。

不懂深度理解记忆，一个单词都很难记住。懂得深度理解记忆，就可以一下记住很多单词。

费曼学习法强调学习者要对所学的知识进行系统化处理，经过处理，学习者能够将碎片化的内容联系起来，深度理解之后形成自己的知识结构。费曼学习法也强调学习者要深入地理解自己所学的对象，再开始进行学习。这点非常重要，尤其是在记忆英文单词时。

例如，铁匠的英文单词为什么是 smith 呢？因为铁匠是靠铁锤击打、加工东西的，而击打的英文单词是 smite。

后来铁匠能加工的金属多了，出现了分工，不同工匠加工不同的金属。专门打黑乎乎的铁的铁匠称为 blacksmith，加工白色的锡的锡匠称为 whitesmith。

再后来，又延伸出专门用词写文章的作家 wordsmith。

挖掘 smith 这个词背后的故事，我们就可以同时学习、理解和记住 smite、blacksmith、whitesmith、wordsmith 4 个单词。

重点记忆英文的构词法和一些重要的单词前缀、后缀，可以帮助我们把相关的单词串联起来。我们还能够通过这些系统中的关键要点理解其近义词和反义词，即使在考试中遇见完全没有学过的单词，我们也能够大概判断出词性和倾向，把题目做对。

例如，以"ab-"开头的单词，一般表达否定、贬义的含义，比如abnormal 是 normal 的反义词，意思是"不寻常的，不正常的"；abuse 是 use 的贬义词，意思是"不正常地使用、滥用。"

以"-less"为后缀的形容词，通常表达的是某件事或者某个动作的否定，即"无……的，不……的"，比如，careless 的意思是"不在乎的，不关心的"，priceless 的意思是"无价的，极其珍贵的"。

3.2.4 连接记忆法

在一个学科内，横向分析不同的知识点时，我们可以把这些知识点连接起来。这种分析方法不仅可以帮助我们把一个知识点理解得更准确，而且可以帮助我们记得更牢固。

例如，英语中，get 可以和各种介词搭配。get in、get on 都可以表示上车；get out off、get off 都可以表示下车。

它们之间有什么区别呢?

get in 表示进入比较小型的车，只能坐的那种，例如家用轿车、出租车。与 get in 对应的下车，一般用 get out off。

get on 表示进入比较大型的车，可以在其中站立的那种，例如公交车、火车、飞机。与 get on 对应的下车，一般用 get off。

经过对比，我们就可以将这些内容连接在一起，还能形成关联记忆，并明确区分其中的不同，加深记忆。

3.2.5 类比记忆法

不同学科的知识间是有相同点和不同点的，这时候通过运用类比记忆法，更容易记住这些知识。

例如，语文和英语都是语言学科，它们之间必然有相同之处和不同之处。要学好语文，需要先学习听说，再学习读写，英语也是如此。要学好语文，需要大量阅读，要学好英语，同样需要大量阅读。

语文中有主语、谓语和宾语，英语中同样有主语、谓语和宾语。语文中有时间、地点、人物、事件，英语也是如此。

那语文和英语有什么不同呢？主要体现在语法上。

语文和英语虽然都有主语、谓语和宾语，但语文可以根据情境省略主语和宾语，英语则不然。

例如，在语文中，你喜欢旅游吗？

可以回答：喜欢。（我喜欢旅游，可以省略主语"我"和宾语"旅游"）

英语中，Do you like travel？（你喜欢旅游吗？）

则应回答：Yes，I like travel。（是的，我喜欢旅游。）

语文常常把形容词放在前面，英语则习惯把重点放在前面，先讲语义或语法上的重点，再补充说明。

例如，语文的说法：一个非常努力学习的人。

英语的说法：a person who study very hard。（这个人学习非常努力。）

3.2.6 压缩记忆法

在学习过程中，我们有大量知识需要记忆。有些需要记忆的知识是有逻辑的，记忆起来相对比较容易，有些是没有逻辑的，记忆起来可能让人很痛苦。对于一些没有逻辑的知识，我们可以采用压缩记忆法。

在运用压缩记忆法时，我们可以按照以下步骤进行。

1. 归类

我们首先要将记忆的内容归类。将同类内容放到一起记忆，可以提高效率。例如，我们背诵元素周期表时，可以按照列来记忆。惰性气体元素中的氦、氖、氩、氪、氙可以集中记忆；科学常识中的太阳系八大行星也可以放到一起记忆。

2. 压缩

对于归类后的内容，我们需要进行分析，去掉重复的部分，从而实现压缩。分析的方法有很多，我们可以从汉字构成、词语组成等角度进行分析。

例如，氦、氖、氩、氪、氙具有相同的部首"气"，可以去掉，只记忆"亥乃亚克山"。"魑魅魍魉"具有相同的部首"鬼"，去掉后，就变成"离未罔两"。

太阳系的八大行星的压缩比较复杂。其中，水星、金星、火星、木星、土星都具有"星"字；天王星、海王星包含"王星"两个字；地球和其他行星的名字没有相同之处。所以，整体可以压缩为"水金地球火木土天海王星"。

3. 整理

如果压缩后的内容比较长，我们还需要进行整理。同时，我们还可以调整顺序，让语句押韵，让记忆的内容朗朗上口。

每句内容控制在5个字，更容易记住。为了押韵，我们可将地球单独拿出来。最后，我们还可以结合历史上对行星定义的变化，将冥王星加上，如图3.3所示。

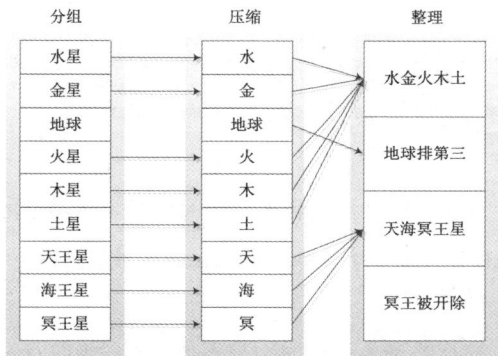

分组	压缩	整理
水星	水	水金火木土
金星	金	
地球	地球	地球排第三
火星	火	
木星	木	天海冥王星
土星	土	
天王星	天	冥王被开除
海王星	海	
冥王星	冥	

图 3.3 压缩记忆法

这就是压缩记忆法。在以上3个步骤中，我们不仅通过分组，加深了对内容的理解，还分析了字形和发音，减少了记忆内容，最后，通过整理语句，降低了记忆的难度，甚至让内容变得有趣。

3.2.7 升级记忆法

上学时，很多同学找我问问题。每天下午，他们就抱着课本、笔记和作业跑来找我，问完一个，就走一个。

等到我挨个回答完，大半个小时过去了。这时，我正要出去的时候，就看他们抱着球，满头大汗地跑回来，还对我大喊着："班长，别出去了，马上要上课了。"

这样的场景每天重复着。同桌看不过，就提醒我，多花一些时间在自己身上。我回答道："解答问题也是一种学习，效果好得很。"

当时，我确实觉得效果很好。因为给同学解答过的题目，我都记忆深刻。期中、期末复习的时候，我经常能回想起来，这个公式是李铁蛋问过的，那个题目给陈二丫讲过。

甚至直到今天，我都记得很多回答过的题目和解法。而我当年每天早上都在背诵的内容，却忘得一干二净。

为什么会这样呢？这是因为大脑中的记忆是分类型的。不同类型的记忆的存留时间差别巨大。我们的记忆通常可分为以下 3 类。

1. 知识记忆

知识记忆就是关于各种纯粹知识点的记忆。我们对于历史人名、英文单词、数学定理等的记忆都是这个类型。

知识记忆很容易被遗忘。昨天老师课上讲玄武门之变，我们可能今天就忘记了主人公的名字。为了记住这些纯粹的知识点，我们需要花大量的时间记忆，但最终效果还是很差。

2. 经验记忆

经验记忆是我们对于经历过的事情所形成的记忆，例如，今年的生日是如何过的。这类记忆可以保持很长的时间。

我们会记得上周周末在哪里待着，也可能会记得几个月前去看了一场电影，甚至记得几年前去过某个国家。

3. 方法记忆

方法记忆是通过大量练习形成的记忆，例如，用筷子吃饭、骑自行车等。这类记忆也被称为身体记忆，非常牢固。

我们从来不会忘记如何用筷子吃饭，即使几年不骑自行车，也不会忘记骑自行车的技巧，只是会生疏一点。各种解题方法和技巧也是这类记忆。

这3类记忆中，方法记忆最难形成，但记忆效果最好；知识记忆最容易形成，但记忆效果最差。学校考试考查的主要是知识记忆和方法记忆。

例如，在语文考试中，汉字拼音考查的是知识记忆；作文考查的是方法记忆。

在了解记忆的类型后，我们就可以有针对性地练习，将不容易记住的记忆升级为更容易记住的记忆。

（1）知识记忆容易形成，也容易忘记。我们需要将其转化为其他类型的记忆，如经验记忆。

例如，我们背单词时，背一次就有记忆了，但可能第二天就忘记了。如果我们在生活中使用几次，就可以记住好几周。

对于要背的公式定理，也是如此。自己推导公式定理或在做题时使用几次，就可以记得更长久。即使经验记忆淡忘后，也会先转换为知识记忆，直到最后彻底忘记。

（2）方法记忆需要大量练习才能形成。所以，为了形成解题所需要的方法记忆，我们就需要有针对性地多做题目，这也就是我们常说的"题海战术"。方法记忆一旦形成，就可以长期保留，例如我现在还对几何解题规则——辅助线的使用记忆深刻。

记忆的类型不同，记忆持续的有效时间也有所不同。我们在了解记忆类型的不同后，就可以有针对性地采用不同的记忆方式，将知识记忆升级为经验记忆，将解题方法升级为方法记忆。这样，才能事半功倍，少做无用功。

3.3 拒绝拖延，养成好习惯

为什么人们总乐于做那些与目标无关的事情？例如看手机、玩游戏、听音乐等，因为人们有拖延症。许多人不是没有目标，也不是没有时间，只是在制定了目标以后，拖延症发作，最终导致目标无法达成。要解决拖延问题，最好的方法是养成好习惯。

3.3.1 拖延是如何产生的

为什么很多好玩的事物会让人欲罢不能？

原本的"快乐机制"是用来奖励人的生存和繁殖行为的，例如吃饭这一行为能使我们的大脑产生舒服和快乐的感觉。

这种"快乐机制"通过化学语言——多巴胺来传递。

当人无法通过自己的行动，获得感受和体验上的快感，就会喜欢享受当下的这些小事情给自己带来的即时的满足感。

例如，我们想取得好成绩，这一定需要一个漫长的看书、学习和不断练习的过程。但人们往往看一会儿书就忍不住拿出手机刷一刷朋友圈、聊几句微信。

因为做这些简单的事情，人们能获得"即时的满足感"，而阅读、学习、提升自己这样的事情往往获得的是"延时的满足感"，短时间内不会让自己收获很大的满足感，所以人们就很容易拖延，甚至放弃。

人会有这种"短视"行为，喜欢即时的反馈和满足感，是由人类的天性造成的。

　　几百万年前，我们的祖先还在茹毛饮血，资源稀缺，吃了上顿没下顿，于是大脑持续分泌化学物质，这些化学物质促使人类去寻找并摄入食物，且热量越高越好，自身的脂肪储存得越多越好。如果没有这种机制，人类很可能存活不到今天。

　　这之后，人类进化出了更高级的控制单元，人类学会了计划，学会了为达成长期目标放弃短期利益。但人类大脑中原始的那部分并没有消亡，它依然在时刻争夺着身体的控制权，促使人类寻求即时的满足感。

　　想想婴儿最原始的生理反应，饿了就哭，吃饱了就笑，这就是即时满足的反应。同样，如果一件事能在短时间内得到反馈，人们就倾向于先做那件事。

> 　　这就是为什么学习一小时很难，而嗑一小时的瓜子很容易。因为每一个嗑瓜子的动作都是有即时回报的，大脑能得到即时的满足感，而学习一小时，得不到明显的反馈。

　　为什么有人明明打开手机想要查资料，却鬼使神差地打开了微博或微信？为什么有人打开电脑想要听讲座，却不知不觉地看起了电影或电视剧？为什么有人晚饭吃了不少，睡前还是管不住自己伸向零食的手？

　　这些行为的本质都是大脑的那个"原始部分"在作怪。拖延不是某一个人的问题，而是人类的天性。

3.3.2 改善拖延的方法

　　要如何改善拖延的问题呢？

简单地说，就是想办法用"延时的满足感"来替代"即时的满足感"。有人可能会说，让我延时满足，难道要一直延迟到老再满足吗？

当然不是。延时满足绝不是压抑自己的需要，而是适当地迟一些再满足，这需要我们和自己的大脑达成一个约定。

美国作家凯利·麦格尼格尔教授在《自控力》中提到过一个方法：等待 10 分钟。

在面对诱惑时等待 10 分钟，如果 10 分钟之后你还想要，那你就可以拥有它，但是这期间，你应当要时刻想着长远的利益。

我们可以把这条策略总结为，创造一点距离，让拒绝变得容易。

例如，我们在学习时，想拿出手机玩之前，可以告诉自己："等10 分钟之后再玩，如果 10 分钟以后还想玩，就可以玩。"

但在这期间，人们通常会思考玩手机对学习效率会产生什么样的影响，有了这样的思考，10 分钟过后，人们一般也不会再想着拿起手机玩。

这个方法还可以运用到那些"我要做"但又总是拖延的事情上。对于这类事情，我们可以告诉自己：先坚持做 10 分钟，10 分钟之后如果觉得不想做，就可以放弃。

但通常只要不是自己厌恶的事情，开始做了以后我们就很容易忘了 10 分钟的约定，不知不觉就会做很久。

等待 10 分钟的方法是基于"即时奖励"的原理提出的。还有一种方法是基于"未来奖励"，从长远利益出发提出的，叫"降低延迟折扣率"。

我们的大脑习惯于给未来的回报打折，但是每个人打的折扣是不一样的。

有人打的折扣很高，因而这类人对未来奖励的估值会很低，所以他们比较容易屈从于眼前的诱惑。

而有的人打的折扣比较低，因而这部分人对未来奖励的估值很高，他们通常更关注这个更大的奖励，并耐心等待它的到来。

> 当我们受到诱惑要做与长期利益相悖的事情时，可以思考一下，这种行为意味着我们为了即时的满足感而放弃了更好的奖励，然后想象我们得到了"未来奖励"，未来的我们正在享受着自控的成果。

问一问自己，愿意用"未来奖励"换取正在诱惑我们的短暂快感吗？这种方法是为了增加"未来奖励"的价值，降低延迟折扣率。

例如，我正在筹备高考，不经意间想拿出手机玩。在玩之前，我想象一下现在玩手机就减少了复习时间，我很可能会因此而高考失败，这是我希望看到的吗？

想象未来我已经考上了理想的大学，然后我凭借着好学校毕业生的优势进入大型企业工作。

这个时候，我还愿意放弃那个未来，继续玩手机吗？

这种方法最重要的点就是"我"对于未来的期待是怎样的？人们对未来的期待越高、越明晰，延迟折扣率就会越低，人们就越愿意放弃眼前的利益而追求长期的利益。

所以，知道自己真正想要什么非常重要。只有我们真正想要的东西才可能触发我们内心的动力，为了它，我们才有可能放弃即时奖励带来的满足感。

所谓对未来的期待，其实就是"梦想"，当一个人有了"梦想"，他也就有了动力坚持去做那些能够实现梦想的事情，抵制那些可能阻碍梦想实现的诱惑。

当一个人可以清晰地知道自己想要什么并能够时刻警醒自己时，他就可以"以终为始"地去做那些重要的事情。

3.3.3 学霸都有好习惯

改善拖延症，最好的方法是养成好的行为习惯。

如果我们仔细观察学霸，会发现每个学霸都有一些好习惯。

有的学霸习惯每天早起学习；有的学霸习惯睡前把白天学到的所有重点知识复习一遍；有的学霸习惯整理错题，研究自己犯过的所有错误，从而让自己不再犯错。

有了好的习惯，我们就不会总是需要刻意地要求和提醒自己，很多行为可以通过潜意识自然发生。

所有减肥后的反弹是因为我们没有把这份看似难受的坚持化为习惯，而是看作阶段性任务。这就好像有些人把考上某名牌大学当成人生的终极目标一样。一旦达成，似乎人生就圆满了，就可以放纵自己，"混"到毕业。他们忘了人生路之长，这才走了一点点而已。

> 重要的不是我们要阶段性地完成什么，而是我们要成为一个什么样的人，我们为了成为那样的人应该养成什么样的习惯。

古希腊哲学家爱比克泰德说："不要把信仰挂在墙壁上。假如你想做事，就得养成做事的习惯；假如你不想做事，别去沾边。"如果只使信仰停留在口头上，那是毫无意义的。

时间久了，习惯就会变成品质。其实习惯和品质本就是相辅相成的，习惯铸就品质，品质促成习惯。

所以说，养成好习惯对人益处多多。

3.3.4 养成好习惯的方法

既然养成好习惯有助于我们更好地学习，那么利用我们有限的自制力去构建这样一套习惯体系便是彻底解决拖延症的关键。

要构建习惯体系，并不是一件轻松的事，原因在于很多人不知道好习惯养成背后的原理。好习惯的养成依赖于 4 个部分：信念（Belief）、触机（Cue）、惯性行为（Routine）和奖励（Reward）。

1. 信念（Belief）

信念是习惯养成的顶层条件，是向自己解释"为什么"。

为什么有人要养成早睡早起的习惯？因为他的信念认为，这对自己的身心健康有好处。为什么有人要养成每天放学后学习 3 小时的习惯？因为他的信念认为，这对自己未来的发展有好处。

相反，为什么有人对养成早睡早起和每天学习 3 小时这种习惯并不在意，有时候是因为他们的信念认为，这跟身心健康和未来的发展没有太大关系。

有没有关系是"事实"，认为它们有没有关系就是"信念"。强化自己的信念有助于获得精神上的正反馈和积极的动因。

2. 触机（Cue）

触机是触发习惯的开端，习惯的触机有很多，可能是时间、地点、事件或场景。

例如，我们早上刷牙洗脸这一系列动作的触机是起床这个动作；如果有人每天在睡觉前习惯刷微博和朋友圈，那么触机可能会是他躺下来盖上被子的动作；如果有人习惯在家里的客厅看电视，那么触机可能会是他进入客厅这个动作。

触机是大脑中一个习惯流程的开始，是习惯养成的必备一环。触机本身没有好坏之分，决定习惯对我们是否有利的，是由触机引发的一系列惯性行为。

3. 惯性行为（Routine）

惯性行为是无意识的。例如，有人一打开电脑，就会先打开网络游戏；有人一到办公室，就会先泡一壶茶。

在养成新习惯的过程中，我们要靠自制力来修正那些引起负面效果的旧行为，将其替换为新的惯性行为。

> 在更正坏习惯的过程中，我们需要格外留意引发它的触机，同时关注自己的行为，并不断提醒自己不要重蹈覆辙。

建立良好的惯性行为非常消耗时间和精力，因为要建立良好的惯性行为不仅需要有自制力去克服旧的行为，还需要在行为结束时获得一定的正向反馈，也就是接下来要说的"奖励"。

4. 奖励（Reward）

奖励是习惯养成中至关重要的一环，它往往容易被我们忽略。

为什么坏习惯容易养成且难以改变？因为它们获得的奖励往往即时且明显：打游戏、刷朋友圈、网络购物哪个不是这样？

好习惯难以形成，恰恰是因为短期的奖励不够明显。背单词、健身、学习等行为往往需要较长的时间才能看到效果，有些人天生能从过程中获得精神激励，但大部分人不行。

所以，我们需要适时地给予自己一些奖励，例如，记录自己的成长和进步，达成一些小目标时吃一顿好吃的庆祝一下等。

　　关于习惯的养成，我们需要保持积极的、开放的、成长的态度。如果想养成学习和健身的习惯，就多去看看那些可以享受学习和健身的人是怎么做到的，尝试学习他们的方法，把目光放在积极的方面上，而不是怀疑自己。

04

第 4 章

利用费曼学习法调整情绪

情绪是一种能量，就像汽油车的汽油、电车的电。正面的情绪能给人正向的动力，触发积极的行动；负面的情绪则会让人不愿行动。发现学习的乐趣，调整情绪，建立行动力，能让我们更好地学习。

4.1 好情绪可以带来好成绩

我们观察身边的同学，会发现学习好的同学往往能保持好心情。上了清华大学后，我观察到身边的同学尤其如此。即使学习任务繁重，同学们也能微笑面对，调侃几句。

4.1.1 负面情绪产生的原因

我们会受到各种外界因素的影响，产生负面情绪。例如，好朋友出去玩，明知道自己有时间，却没有叫自己，我们就会感到气愤；自己辛苦写了一篇好作文，却没拿到高分，我们就会感到不公平；出教室门时摔了一跤，还被同学嘲笑，我们就会感到倒霉。

我们会产生各种负面情绪，总结下来，这些负面情绪产生的原因大致可以归为以下 6 类。

1. 盲目悲观

很多同学总是幻想最坏的结局。例如，这次考试考砸了，我们会想：同学们会怎么看我？老师会怎么看我？感觉天都塌下来了。

其实，事情没那么严重。我们需要着眼未来，好好准备下一次考试，不要过多地花时间和精力为过去烦恼。

2. 错误归因

有的同学对外界比较敏感，向老师请教问题的时候，老师只是皱了一下眉头，他就觉得老师对他有意见，认为他问的问题太简单，自己太笨了。其实，两者并没有任何关系，只是这个同学想多了。

3. 贴标签

有的同学喜欢贴标签，不是给别人贴，而是给自己贴标签。例如，英语和语文都是语言类学科，自己语文学得不好，就认为英语肯定也学不好。

语文和英语虽然都是语言类学科，但还没开始学，怎么知道结果会怎么样呢？这是典型的还没开始努力，就自己把自己打败了。

4. 总看不到好的一面

任何事情都有好的一面和不好的一面。如果我们光看到不好的一面，只会让心情无比糟糕。例如，做作业时错了一道题目，心里就会很难过，但我们可以往好的一面想：现在发现问题，及时纠正，考试时就不会再错了。

5. 极端思维

很多同学觉得自己做事情必须成功。例如，自己参加考试，必须拿满分，必须考第一。如果没有达到目标，就对自己感到不满意，于是给自己负面评价。

6. 怨恨别人

怨恨的本质是不想承担责任，总想着别人这里不对、那里不行，导致自己没做好。别人怎么做是别人的事，我们能管好的只有自己。

不要过分关注别人应该做什么，不要寄希望于别人的行为，不要把问题归因于别人，多想想自己应该怎么做。

以上是 6 种常见的负面情绪产生的原因。我们在心情不好时，从这些方面想一想，肯定能找到产生负面情绪的根源。

4.1.2　避免产生负面情绪的方法

负面情绪会让我们流失很多精力。

要避免负面情绪，我们可以从以下 3 个角度入手。

1. 接纳自己

我们要认可自己不是万能的，接纳自己的缺点，承认我们是个普通人，不可能尽善尽美。这样，我们才能正视自己的错误，不会因为自己出错而沮丧，不会失去改进的意愿。只要我们不断改进，就会变得越来越好。

费曼曾经对他的学生真野光一说："不要因为没有得到诺贝尔奖而感到颓唐，不要妄自菲薄，既不要用自己年轻时幼稚的想法去论断自己，也不要用他人的眼光和想法来评价自己。"

2. 接纳别人

我们不应该用自己的标准要求别人，相反，我们应该用要求别人的标准来要求自己。我们不要试图改变别人，每个人都有自己的生活方式，可能别人粗鲁、不讲礼貌、不守时，但那是别人的问题。如果因为别人的缺点而郁闷，那就是"用别人的错误惩罚自己"。

费曼的老师冯·诺依曼教给了费曼一个独特的道理——你不需要为你身处的世界负责。我们要有对自己的信心，按照自己的想法生活，看看不同的地方，学习不同的知识，这比什么都重要。

3. 接受现实

事情可以很糟糕，但总没有我们想的那么糟；事情可以很完美，但总不会像我们想的那么完美。只要接受现实，我们就不会有那么多的负面情绪。

总之，我们要接纳自己、接纳别人、接受现实，地球不会围着我们转，要理解不顺心是很正常的。我们只需要做出努力，然后接受结果。

4.1.3 通过钝感保持开心

上学的时候，班里总有几个同学成天不开心，充满了负能量。我问起他们原因，要么是某个同学骂他们了，要么是衣服被蹭脏了，要么是笔忘记拿了。

总之，他们每天都有不开心的原因，没法集中注意力。结果是，他们每次的考试成绩都比较差，然后他们就更加不开心了，从而陷入恶性循环。

其实，不如意的事总会发生，我们遇到不如意的事的时候该如何保持开心呢？这时候，我们需要钝感。什么是钝感？

举个例子。夏天的时候，大家在外面乘凉，张三的胳膊被蚊子叮了。由于被叮的地方非常痒，于是他开始抓挠，那里很快就红肿起来。但是，他还不停手，接着皮肤就会溃烂。

李四也被叮了，但他只是轻轻地拍打一下，把蚊子赶走就算了。被叮的地方好像并不怎么痒，他一脸毫不在乎的表情。

很明显，张三比较敏感，李四比较钝感。

在皮肤的感知上，有敏感和钝感之分；在情绪的感知上，也有敏感和钝感之分。

> 钝感可以让我们忽略一些细枝末节，把注意力放在重要的事情上。所以，钝感会演化为一种力量，让我们更专注地学习。

要获取钝感，我们需要遵循以下 5 条铁律。

1. 迅速忘却不快之事

在生活中，我们总会遇到不开心的事情。对于这些事情，我们郁闷得再久，也无法改变。与其这样，我们还不如关注未来，寻求解决方法。如果解决不了，就放下，不再纠结。

2. 认定目标，即使失败仍要继续挑战

对于重要的目标，我们必须坚持。一次考试失败了并不丢人，因为还有下一次。只有自己放弃了，才算真的结束了。

3. 坦然面对流言蜚语

由于人的天性，八卦是无法避免的。我们在八卦别人时，别人也在八卦我们。我们每个人都可能会被一些言论困扰，遇到这种情况时，辩解只会激起更多人的八卦心理。只要我们坦然面对，不去理会，流言蜚语自然会慢慢消失。

4. 对嫉妒讽刺常怀感谢之心

别人的嫉妒和讽刺并不一定是坏事。当别人嫉妒我们，说明我们具备别人所羡慕的东西。这时候，我们需要做的是继续保持。当别人讽刺我们，则说明我们做得不够好，还可以改进。所以，换个角度来看问题，我们总能发现一些意外之喜。

5. 面对表扬，不得寸进尺，不得意忘形

表扬是对我们过去取得成绩的肯定。如果我们过度沉迷在表扬中，而忘记保持前行，那就会退步。所以，我们要正确面对表扬，把表扬作为"我能行"的动力，而不要让表扬成为我们前进的绊脚石。

不论身处什么样的境况，不论遇到多少次挫折，我们都需要具备钝感。只要我们始终相信没有所谓的失败，只有暂时的停止，朝着我们的目标前进，我们就会成功。

4.2 学习可以像玩游戏

很多人喜欢玩游戏，觉得游戏能给自己带来快乐，于是花大量时间在玩游戏上，荒废了学业。如果学习也能像游戏一样让我们上瘾，

我们肯定能成为学霸。看到这里，一定有人会说这怎么可能？别急，把学习当成玩游戏，费曼是这么做的，我也是这么做的。

4.2.1　游戏如何让人成瘾

为什么大家都喜欢玩游戏？为什么很多人玩游戏上瘾？为什么很多时候明知道玩游戏不好，还是忍不住想"再来一把"？

游戏让人上瘾的原因大致可以分成 4 点。

1. 成就感

人们在游戏中打怪升级，大脑会分泌多巴胺，让人们产生很强烈的成就感，并且迫切地想继续获得更大的成就感，于是人们不自觉地想要继续玩。

2. 时间短

游戏中的每个任务的时间都不会太长，短则两三分钟，长则一小时，因此游戏能让人们在短时间内获得满足感和成就感。

3. 上手容易

大部分游戏入门都很简单，人们用几分钟时间就能摸清规则，入门后很容易取得一些小成绩，这样可以保持自信心，产生更大热情，不断挑战更高难度。

4. 目标可期

玩游戏时，人们会有一种相对的确定感，虽然也会有各种各样的困难，但由于游戏规则明确，人们总能有种可控的预期，于是有信心坚持下去。

4.2.2 在学习中发现快乐

费曼小时候，家里有一套《大英百科全书》，费曼的父亲经常让费曼坐在自己腿上，给费曼念书里的内容。

有一次讲到恐龙，书里说"恐龙的身高有 25 英尺（7.62 米），头有 6 英尺（约 1.83 米）"。

讲到这里，费曼的父亲停住了，然后接着说："让我们想一下这是什么意思？也就是说，假如有一只恐龙站在我们的院子里，它能够到二楼的窗户，它的脑袋比窗户还宽。"

父亲的引导让费曼产生了很多联想，费曼想："世界上居然曾经有这么大的动物，却不知道因为什么原因灭绝了。"

因为父亲总能把一些抽象的知识变成身边看得见、摸得着的东西，这让费曼觉得学习知识是一件很有趣的事，甚至对一些未知的领域感到兴奋。

很多人说学习是痛苦的，但为什么学霸听课、做作业很开心呢？学习到底能不能给人带来快乐呢？首先我们需要了解快乐是如何产生的。

人的快乐和大脑中的两种物质有关，分别是多巴胺和内啡肽。

多巴胺是一种神经传导物质，是用来帮助细胞传送脉冲的化学物质。这种脑内分泌物和人的情绪、感觉有关，它传递兴奋及开心的信息。另外，多巴胺也与各种上瘾行为有关。

内啡肽是一种脑下垂体分泌的类吗啡生物化学合成物激素，能产生止痛效果和快感。内啡肽也被称为"快感荷尔蒙"或"年轻荷尔蒙"，能使人保持年轻快乐的状态。

这两种物质都可以让人体验到快乐、愉悦的感觉。

它们有什么区别呢？

1. 多巴胺是一种奖励机制

很多人都有这样的经历，刷视频时，会不停地点开下一条，似乎下一条内容会更精彩，激发这种强烈期待的物质就是多巴胺。多巴胺产生的饥渴感远大于满足感，会误导大脑做出错误的判断，不停地寻求新的刺激。

2. 内啡肽是一种补偿机制

跑步时，累了，跑不动了，如果继续坚持跑，人体就会分泌大量内啡肽，使人一天的心情和状态都会非常好，这是对痛苦的一种补偿。

当准备了很久的期末考试取得好成绩的那一刻，学习过程中的那些单调、无聊、痛苦都会烟消云散，你体会到的那种快乐，就是内啡肽带来的。

所以，多巴胺让人们对理想产生渴望和动力，内啡肽在实现理想的过程中，帮人们缓解痛苦，那么我们该怎样在学习过程中合理利用它们呢？

1. 心理暗示

面对不愿学的学科，要想到学习这门学科的好处。例如，发现这门科目比较有趣的知识，或者考出好成绩后，老师一定会表扬我们，我们在班级的排名也会上升，我们就能获得成就感。

2. 坚持运动

运动能使人快速分泌内啡肽，但要达到一定强度和一定时间。每天适当参与一些运动，一般运动 30 分钟以上，人体就会分泌内啡肽。

3. 多笑一笑

实验证明，大笑能立刻让大脑分泌大量内啡肽，让人瞬间感觉良好。大笑也能帮助人们缓解压力，有益身心。人会因为开心而笑，也会因为笑而开心，没事多笑笑，人自然就会快乐起来。

> 　　每个人的情况不同，理解原理后，我们可以找到适合自己的方法。一旦学习的过程不再痛苦，我们就可以积极面对各门学科。这时，大脑就会更主动地接受新知识。结果就是，我们学得更快，记得更牢，成绩也更好。

4.2.3　像玩游戏一样学习

学习要有热情，要像玩游戏一样学习，费曼对待学习的态度就是如此。那么，我们要如何对学习产生热情呢？

1. 学习任务明细化

就像游戏中的任务是明确的，学习任务也应当是明确的。例如将一周学 100 个成语，明确为周一到周五，每天上午学 10 个成语，下午学 10 个成语，周末则作为机动时间，补充遗漏或没学会的成语。

2. 完成学习任务

把每个细化的学习任务写在本子上，像完成游戏中的一个个任务一样去完成学习任务。每完成一个，就用红笔画掉。每天中午、晚上定时检查，增加成就感。

3. 控制学习时长

如果对某个学科还没有足够的兴趣，每天自主学习这门功课的时间不宜过长，可以控制在半小时左右，避免产生负面情绪。

4. 消除陌生感

每个学科都有它独特的美，我们可以尝试发现不同学科的美。通过课前预习或了解关于某门学科的新鲜事，我们能消除对这门学科的陌生感，让学习变得更容易。

5. 多正面交流

多和努力的同学交流、多和学霸交流，吸收正能量，避免抱怨。抱怨不能解决任何问题，还容易让人丧失热情。

学习时，我们要避免两个误区。

1. 时间太短

每个学科的学习时间不能太短。例如，刚拿起语文练习册写了 10 分钟，就换成英语课本。我们进入学习状态往往需要几分钟，每换一门科目，我们就需要转换一次注意力，这会让大脑更容易疲劳。

2. 过分依赖物质奖励

很多人在学习上，会过分依赖物质奖励。物质奖励是外在的、间接的。它是通过满足学习需求之外特定的欲望，让人们获得成就感的。

例如，考试取得第一名就去吃大餐。物质奖励如果是短期的、单次的，也许有效，但过分依赖物质奖励，会造成欲望期待值提升，很难长久有效。

最好的模式是建立内在的、与学习直接关联的成就感。例如，解出一道数学题，我们就在内心给自己点一个赞。

4.3 提升行动力

常听到很多人说："只要我稍微用功的话，我也能成为学霸。"是的，学霸和普遍人一样，没什么特异功能，不是智商高到不可逾越，也不是什么天才。他们和普通学生的唯一区别是，很多事情他们真的坚持去做了，而普通学生没有。开始的时候，普通学生还能望其项背，久而久之，就变得望尘莫及了。

4.3.1 识别自我防御

记得我在上高中的时候，高考之前的模拟考试非常频繁，最频繁的时候能达到一个月两次。那时候，班上有些同学有时会考得好，有时会考得不好。

张同学的态度和行为很有意思，当他考得好的时候，他通常不会特别说什么，觉得这是他真实水平的体现。当他考得不好的时候，他会说是因为那次考试出的题很不合理、太偏门、没有代表性，或者是因为老师批卷子的主观性等。

张同学天资聪明，班主任认为以他的能力考入一所好大学理应没有问题。可张同学对自己成绩忽上忽下的反应令班主任非常头疼。为此，班主任多次找张同学谈话，期望能改变他对这件事的认识。

可张同学不以为然，他始终认为自己不需要改变什么，成绩时好时坏是件很正常的事，继续做自己就可以了。渐渐地，班主任也不再找他谈话了。

后来，张同学高考失利。这一次，他没有像平常那样抱怨，而是默默地选择了复读。

有意思的是复读这一年，带他的还是原来的班主任。我不知道后来这一年发生了什么，只知道，复读后张同学顺利考入了理想的大学。毕业后，他在许多人羡慕的目光中到了国内排名前三的大型互联网公司的技术部门做编程工程师。

听同学说，他工作后变得非常成熟稳重，早已不像高中时期那么愤世嫉俗，那么总是活在自己的世界里了。

> 人们都会有自我防御心理，为了保护自己的自尊、自我价值不受影响，会下意识地"欺骗"自己说别人对我们有意见是因为别人不懂、有偏见或者不了解情况等。

总之，有些人会找到一个角度给予"负面归因"，认为别人对他们的评价不对、不客观、失真，他们自认为的才是对的、客观的、真实的。

这让他们很容易听不进别人的意见，而片面地坚持自己的观点，从而每天、每时、每刻都难以做出理性的判断。

其实，当别人想给我们提个醒的时候，何必那么紧张？放下心中防卫，认真听一听别人的意见，又有何妨？站在另一个角度，客观地审视一下自己再回应对方，不是更好？

一些人喜欢下意识地认为别人有问题。客观地说，别人一定是有问题的。但别人有问题，不意味我们没有问题。事实上，深究起来，每个人都有问题。谁又是完美的呢？

不喜欢别人否定和挑剔自己的背后有着这样一个"霸道"的逻辑：你只能喜欢我，不能否定我；只能对我温柔，不能对我挑剔。

无论对方有没有感受到，人们已经首先在心中设立了这种障碍，阻碍了有效的沟通。

4.3.2 巧用自我暗示

我们时常会在一些杂志、网站上或朋友圈里面看到一类用作消遣的心理测试，题目类似于"准到爆，测一测你是个什么样的人？"

这类心理测试通常题目数量不多，一般由一个或几个简单的问题构成，内容通常也比较简单，比如会问："当你来到一个花园，看到这个花园种满了花，你希望是下列选项中的哪一种花？"或者"假如你来到一个庄园旅游，你希望这个庄园是下列选项里的哪一种？"

当我们选完以后，会出现类似这样的答案："你是一个喜欢得到他人赞扬的人，但你有时候会对自己身上的一些小毛病比较在意，你有时候也会怀疑自己是不是在用正确的方法做正确的事情；你有时候喜欢接触新鲜事物，不喜欢生活在条条框框的限制下；你喜欢独立思考，不轻信别人的观点……"

当我们正准备赞叹这个测试很准时，大脑中有个声音会告诉我们看一下其他选项的答案是怎么说的。在试了所有的答案之后，我们会发现原来其他几个选项是这么说的。

A. 你的意志力比较强，外表和善，有梦想，对有利于自己的人际关系比较看重，有时会显得性格急躁，对不利于自己的事情会有抗争的想法，对爱情和婚姻的看法比较现实。

B. 你有时感性、有时理性，你以是否与自己投缘为标准来选择朋友。你的性格有时孤傲、有时温情，有时急躁、有时沉着。对于按常规办事，你有时候喜欢，有时候不喜欢。

C. 你聪明机灵，待人热情，爱交朋友，但对朋友没有严格的选择标准。你善于发现自己感兴趣的事情，有时勇于冒险，有时较胆小。渴望浪漫的爱情，但对婚姻的要求比较现实。

奇怪？怎么细细品味之后，发现好像这些选项也都好像在形容我们。这是怎么回事呢？我们来看一个心理实验。

1948 年，美国有位叫福瑞尔的心理学家做过一个实验。他让一整个班的学生做了一份性格测试问卷，学生们填完这些问卷并上交之后，福瑞尔告诉大家，他会对大家的问卷做深入的分析，每个人都能拿到针对自己性格的分析结果。

第二天，福瑞尔准备了一堆一模一样的性格分析报告发给学生们，然后让学生们对这份性格分析报告和自己性格的相符程度打分。结果85%的人都认为这份性格分析报告非常符合自己的性格。

福瑞尔的研究发现，当人们面对一个模糊的描述，会不自觉地将它与自己的情况匹配并对号入座，然后会觉得这个描述就是在描述自己，这种倾向后来也被叫作"福瑞尔效应"（Forer Effect）。

人为什么会产生"福瑞尔效应"？其实是一种叫作"主观验证"的思维模式在起作用。什么意思呢？当有一种观点被专门用来描述我们的时候，我们就很有可能会接受这种观点，尤其是当这种观点是积极和正面的时候。

例如，当有人对我们说："你是一个内心善良的人""你是一个勇敢有担当的人""你是一个诚实守信的人"。听到这些，我们就很容易接受，并且很快就会相信这些都是真的。

> 在我们的大脑中，"自我"占据了大部分的空间，所有关于"我"的正面的东西都是很重要而且容易被接受的。

我们要如何应用这个原理呢？比较好的方法是进行自我暗示，即不断地告诉自己，我们的行动力和执行力都很强。

4.3.3 行动大于计划

我曾经在互联网上看到过这样一则故事。

有一个美国人，一直想到中国旅游，于是制订了一个旅行计划。他花了几个月阅读搜集来的资料，包括中国的艺术、历史、哲学、文化等信息。他研究了中国各省地图，订了飞机票，并制定了一个详细的日程表。他在地图上标出要去观光的每一个地点，并且连每个小时要去哪里都定好了。

他有个朋友，知道他很期待这次旅游，也为这次旅游做了大量的准备工作。在他预定的回国的日子之后几天，他的这个朋友特地到他家里做客，问他："中国怎么样？"

这人答道："我猜想中国应该是不错的，可我没去。"

他的朋友大惑不解："什么！你花了那么多时间准备，却没有去，出什么事啦？"

他回答道："我喜欢制订旅行计划，但我不愿去飞机场，所以待在家没去。"

> 这个故事听起来很不可思议，但我们身边有很多人都做过类似的事，有时我们自己也是这样。不管我们的梦想多么美妙，计划多么周详，如果我们不采取行动，梦想只能是空想。

正如艾青所说："梦里走了千万里，醒来还是在床头。"

千里之行，始于足下。行动是实现目标的唯一途径。如果我们只规划，不行动，即使成功的果实就在眼前，我们也采不到。

做了，就有可能成功；不做，永远不可能成功。

有"打工皇后"之称的吴士宏，她的职业生涯的起步就是从她进入 IBM 公司开始的。当年，她去面试的时候还是个护士，在经过充分准备之后通过了几轮面试。

到了面试的最后环节，有位面试官问她："你会不会打字？"

吴士宏条件反射地回答："会！"

面试官又问："你打字速度有多快？"

吴士宏反问："您的要求是多少呢？"

面试官说了一个数字，吴士宏立即回答："我可以达到！"

面试官又说："那下次要考察你打字哦。"

吴士宏点头答应。

面试结束后，她就找朋友借钱买了一台打字机，疯狂地练习了一个星期，达到了 IBM 面试官对打字速度的要求。

但最后，IBM 一直没有考察她的打字功底，尽管如此，她努力练习打字还让她多掌握了一项技能。

我们可以想象一下，如果当年她没有当机立断地告诉面试官自己可以熟练地打字，而是思来想去、支支吾吾，她很可能就不会顺利进入 IBM 公司，很可能就不会有后来职场上的发展。

> 思考、准备，不是件坏事，但是过度思考常常会成为行动的绊脚石。虽然未来仍是一片未知，但即便走错路也会有满满的收获。我们永远不要只停留在设想。

三思而后行，不是让我们想太多做太少。世界上有很多事以我们现在的视野是看不清楚的，我们必须先走两步才能逐渐认清，而且得快，因为我们经过深思熟虑，决定要做的时候，往往会发现一切都已经晚了。就像我很多高中同学在踏入社会之后，才发现当初在学校真的应该好好学习。

就算没有计划，也要先行动起来。在行动中找问题以及问题的解决方法。我们要的是创造结果，而不是停留在思考层面或某些美妙的蓝图中。

不完美的行动比完美的计划更重要，一个不那么理想的结果总比没有结果强。

4.3.4　如何提高行动力

俞敏洪曾经对学生们说："所有的人都是凡人，但所有的人都不甘于平庸。你们一定要相信自己，只要艰苦努力，奋发进取，在绝望中也能寻找到希望，平凡的人生终将会发出耀眼的光芒。"

生活中有许多次机会，让我们不得不面对自己身上的缺陷和弱点。现实会一次又一次地提醒我们：我们不是一个完美的人，我们需要改变。

可人性是懒惰和脆弱的，大部分人会选择麻痹自己，选择短期的即时满足。只有少数人会选择改变自己，于是就会有痛苦、有反复、有放弃，但也有成功。

人为什么不喜欢行动呢？

1. 不愿做

常见的不愿做的原因有 3 点。

（1）动机不明确。动机是行动之源，我们为什么做这件事？是为了更好地生活？为了完成某种使命？为了看到某个画面？还是为了向某人证明自己？"为什么"是我们一定要搞清楚的事情。搞不清楚怎么办？那就静下心来继续分析。

（2）意念不坚定。很多人一会儿想这样，一会儿又想那样。例如，我们今天觉得学习是自己唯一的出路，应该好好学习；明天又觉得其实学习不好也没事，某人学习不好，现在不也过得挺好吗；后天又觉得某人的成功并不代表自己的成功，自己还是要好好学习。

（3）缺乏自信。这部分在前文中已经提过，有的人拥有一些限制性信念，缺乏自信总觉得自己不行，觉得做了也不会有结果。而我们要做的就是摆脱限制性信念，相信自己，付出行动。

2. 不会做

很多人说："之所以不去做，是因为不知道怎么做。如果知道了怎么做，我当然会去做。"这个道理没错，可是，不会做是谁的问题？是父母的问题？是学校的问题？是老师的问题？还是自己的问题？

要解决不会做的问题，我们可以问老师、可以问同学、可以通过互联网查找资料、可以把书多看几遍后再行动……我们的选择如此之多。我们又不笨，只要肯学，会有多难？

> 　　一个行动胜过无数个空想，不要让自己的梦想只是空想。离开那滋生堕落的温床吧，哪怕只是有一个小小的目标，行动起来才有可能实现，实现了的小目标积累起来就会变成大成就。

我们应行动起来，把自己塑造成自己心目中的样子。为什么有的人懂了那么多道理，却依然过不好这一生？因为别人在"做"，而他们在"看"。

每一个趋于优秀的人格、每一个趋于成熟的心智，都是经过多次自我改造和行动的结果。

不试图改变自己的人，会过着日复一日的生活，面对那些早已烂熟于心的风景；而对于正在改变和行动的人来说，每一天都是新的。

我们只有坚持信念，并积极地投入其中，脚踏实地去改变、去实践、去行动，才有可能获得属于自己的精彩！

05

第 5 章

利用费曼学习法做到心无旁骛

在学习之前要设定好目标，有了明确的学习目标，我们才知道学习的方向是什么，才能有效评估学习成果。为了达成学习目标，我们要端正学习态度，提升专注力，做到心无旁骛地高效学习。

5.1 认清学习目标

目标是完成学习任务的方向。开始完成学习任务前，我们要制定明确的学习目标，有了明确的学习目标，我们才知道接下来应当如何行动。

5.1.1 设定学习目标

学习目标是为了达成学习成果而存在的。简单地说，学习目标应当与考试成绩有一定联系。

费曼学习法十分强调目标的设置，它可以帮我们在开始学习时找到清晰的方向，再朝着这个方向有深度地理解学习。明确了目标，我们才会有学习的动力。费曼曾说："如果你喜欢一件事，又有这样的才干，那就把整个人都投入进去，就要像一把刀直扎下去一样，不要问为什么，也不要管会碰到什么。" 当然，目标要十分明确，并且需要随着学习水平的变化调整。

目标不能随意设定，设定目标时，我们需要遵循 SMART 原则，即目标要是具体的（Specific）、可以衡量的（Measurable）、可以达到的（Attainable）、具备相关性的（Relevant）、有明确截止期限的（Time-bound）。

1. 具体的（Specific）

具体的（Specific）指的是目标要是特定的、明确的，不能是笼统的。

例如，张三把目标设定成要好好学习。好好学习是我们要追求的状态，并不是一个具体的目标。

（1）什么是好好学习？如何衡量学习的好坏？

（2）好好学习具体指的是学什么？应该学多少？

（3）好好学习的结果是要把什么学科学到什么程度？

如果不明确以上这些问题的答案，那这个目标就存在问题。

2. 可以衡量的（Measurable）

可以衡量的（Measurable）指的是目标要是可以细化为以事实为依据的或可以量化的。

例如，张三给自己制定的学习目标是学好数学。这个目标就是不可以衡量的。什么叫学好数学？是数学考试达到多少分？还是数学成绩在班级里的排名达到多少？

可以衡量的目标不一定非要是量化的，但要以事实为依据。例如，能够完整解出某道数学题目，能够记住所有的数学公式等，只要一个目标是基于某个可以被观测或检验的事实，就代表这个目标是可以被衡量的。

3. 可以达到的（Attainable）

可以达到的（Attainable）指的是目标要是在付出努力后能够被实现的，也可以将其理解为不要过高或过低地设定目标。

例如，在满分为 100 分的数学考试中，张三的成绩每次都不超过 60 分，这证明张三的数学基础是比较差的。然而张三给自己设定的学习目标是，一个月后，让数学成绩达到 95 分以上。虽然这不是一个完全不可能达成的目标，但相较于张三的数学基础来说，难度太大。

设定这样的学习目标，如果在付出很大的努力后仍然无法达成，可能会打击张三的自信心。所以在设定目标时，我们应当设定自己经过努力后可以达成的目标。

4. 具备相关性的（Relevant）

具备相关性的（Relevant）指的是目标要对实现最终的愿景或更大的目标有所帮助，而且自己设定的多个目标之间要有一定的关联性。

例如，张三的数学成绩很差，原因是张三的数学基础很差，很多概念没有真正掌握。为了提高数学成绩，张三给自己设定了一个目标是"每周看 3 本数学相关的课外读物"。

看数学相关的课外读物和提升张三的数学成绩之间有多大的相关性？能帮助张三打牢数学基础吗？能帮助张三提高数学成绩吗？显然其中的相关性并不强。

5. 有明确截止期限的（Time-bound）

有明确截止期限的（Time-bound）指的是针对目标的实现，要设定一定的期限。

例如，张三想提高数学成绩，给自己设定的学习目标是"练习 100 道数学题"。

这个目标虽然与提高数学成绩之间有一定关联性，但什么时候开始？什么时候完成？并没有说清楚。

5.1.2 围绕目标学习

如何围绕目标展开学习呢？

1. 要有明确的计划和安排

有了目标，还要有围绕目标的学习计划和行动安排。例如，每天晚上回家写完作业后，如何安排学习计划？先学习哪一科？再学习哪一科？先预习？还是先复习？

2. 带着问题学习

学校要求我们系统地学好每一门课程，但这不代表在学习过程中我们要被动地等待书本知识的灌输。我们的大脑倾向于解决问题，我们会因为问题而产生思考，所以我们一定要带着问题学习。

3. 遵循 721 法则

行动学习理论认为，人要掌握一门技能，需要有 10% 的时间学习知识和信息，70% 的时间练习和践行，20% 的时间与人沟通和讨论。这个理论被称为 721 法则。

每天课上的听讲对信息接收非常有用，而剩下的练习和讨论，往往需要在课后完成。

上学的时候，我经常听到很多人说，看到某学霸平时也不怎么学习，为什么一到考试就能考得很好呢？

> 其实我们看到学霸的时候，大多都是在校的时候，这时候大家一起学习知识。而没有看到学霸的时候，学霸是如何进行练习的？和谁一起讨论题目的？我们并不知情。

有可能，我们看到学霸的时间，对学习效果的影响只有 10%，我们没有看到学霸的时间，对学习效果的影响可以达到 90%。

4. 减少无效的信息源

我们没有必要时刻关注互联网上的各种信息，因为我们很容易被诱导去看一些看似有趣、实则无用的信息，进而让我们的信息源变得杂乱。我们需要审视那些我们花费时间的信息源，思考有哪些是完全没有必要的？

5. 有效地扩充学习资源

大部分人要找资源时，第一反应是上网搜索，这看起来很快速，却很容易让人陷入困境，因为互联网上的信息源特别多，这里翻翻那里看看，一不小心，可能几天都得不出结论。第二反应是买书，这也有问题，因为一般人要把一本书里面的内容全部消化至少需要一周的时间，前提还是选对了书。

在这个信息爆炸的时代，信息已经多到让人无法负荷，所以有效地扩充学习资源绝不是增加信息，而是筛选和删除信息。

所以有效地扩充学习资源的步骤如下。

第一步，从有经验的人开始，根据问题，找到能解决这个问题的人，例如老师和学霸。

第二步，找到对标者，看看我们身边学习好的同学都是怎么学习的。

第三步，系统地看书。

5.1.3 构建知识网络

上学前，我认识的数字只有 0、1、2、3 等自然数。上了小学，我认识的数字增加到小数。到了初中，数字多了负数一说。到了高中，数字又有了虚数一说。数字的范畴越来越大，相关的运算法则也在不断变化。

学习了负数之后，"3-5"从错的变成了对的。

曾经很长一段时间内，我对这种变化很不适应。因为我总觉得，我花时间学了并做了练习，就应该一劳永逸。

但我的这种认知总被不断打破。我渐渐发现，学习知识点需要时间，掌握方法也需要时间。这个过程可能是几天，也可能是几年。

要想取得好成绩，我们就得加快这个进程。

1. 大量练习

不论是学习新知识，还是学习新方法，我们都需要大量练习。对于新知识，我们需要熟悉这类知识，并将其与以前的知识进行连接。这时候，我们需要大量做题。做题可以让我们熟悉和理解每个知识点以及这些知识点和其他知识点的关系。

例如，我们在学习整数的加减法时，从一位数的加减法开始，逐步过渡到两位数、三位数的加减法。其中，两位数、三位数的加减法是以一位数的加减法为基础的。

对于学习新方法，我们也是如此。在初中，为了掌握二元一次方程组的解法，我们会做大量的练习题，甚至会把小学时做的题重新求解一遍。

> 大量的练习能让我们在不同的场景理解并掌握各个知识点以及学习方法。前期的知识点和方法的掌握直接影响着后期的学习效果。

2. 提前了解

每当我们学到一个新知识或新方法，也就意味着未来要学习更多的知识和方法。这个未来可能是几天之后、几个月之后，也可能是几年之后。对于这些知识和方法，我们可以等待老师讲解，也可以提前了解，而提前了解会促进我们对现有内容的学习和理解。

例如，小学时，我对为什么"3-5"是错的就很迷惑。因为买菜时，母亲买3元的菜，付出去5元，找回来2元。"5-3=2"可以正确表示这种情况。

但是，有时候母亲买5元的菜，付出去3元。卖菜大妈说，这次你欠我 2 元，下次补上。"3-5"明明无法计算，这是怎么回事呢？

接触了负数概念之后，我才彻底明白"3-5=-2"。从此，我就有意识地超前学习和了解。这样，我不仅提前了解了很多知识和方法，还对当前知识有了更深入的理解。

我们学习的所有知识和方法都是互相关联的，它们构成一个庞大、复杂的网络，没有任何一个内容是孤立存在的。

我们学习就是为了构建这个网络，而构建网络是一个长期的过程。我们主动进行大量练习和提前了解，正是为了加速这个过程，让我们的学习更高效。

3. 反思总结

费曼学习法中一个重要的部分是理解和复述学习的内容，再对复述的内容的盲区进行定位，找出自己知识的薄弱点。

这个过程需要我们反复地、不断地对之前学习过的内容进行反思和总结，筛选出最核心、最重要的知识。

在这个阶段，我们不仅仅要回顾自己学了什么，还要发现在复述哪些内容的时候卡壳了，卡壳是因为没有进行深度的理解记忆还是没有把知识的关系梳理清楚，从而发现知识结构的漏洞和盲区。然后我们要回归知识结构本身，对其中遇到阻滞、模糊不清和有异议的地方进行重新学习。

5.2 端正学习态度

在不同的同学看来，学习的意义各有不同。有的同学把学习当成一种痛苦的折磨，有的同学把学习当成一种游戏，有的同学把学习当成和吃饭、睡觉一样的日常行为。不同的认识决定了我们对待学习的方式有所不同。只有正确认识学习，我们才能做好学习这件事。

5.2.1 不要成为"长颈鹿"

我们周围有许多人，每天花大量时间在微信朋友圈、公众号、微博等网络世界里找各式各样的最新资讯、最火热评、最流行文章等自己不知道的知识和信息。

这些人一旦从繁忙的学习中抽身出来，就忍不住拿起手机开始刷屏、分享。他们每天都沉浸在"啊！又学到了新知识！又获得了新想法！"的喜悦和满足中。

当有人质疑他们为什么要花那么多时间在手机上时，他们会告诉别人：我这是"碎片化学习"，虽然不是在学习学科知识，但这些社会知识也很重要，对写作文也有帮助。

每天花那么多时间去吸收各种知识和信息，到底有没有用？看起来有用，实际没用。

今天有人利用碎片时间，"高效"地看了10多条新闻、翻了五六篇干货，以为自己对这个世界有了不一样的理解，这又能怎么样？

看了这么多新闻，写作水平真的提高了吗？看了这么多养生知识，生物成绩能提高吗？

所谓学习究竟应该学什么？是学习知识，然后储存在大脑里吗？

我们来看一组数据：

全世界每天约有 4000 本书出版，超过 4 亿字；

纽约时报一天的文字量约等于牛顿所处时代的人一生的阅读量；

一个专业领域，每天有近 1000 篇文章正在产生……

一些片面的碎片化信息就像是"自媒体快餐",它们就像垃圾食品一样来得快去得快,除了留给我们一身"肥肉"没剩下什么营养。人们在传播这种信息的时候,为了让大众容易接受,通常会删减掉复杂的内容,留下的往往是知识体系的冰山一角。

> 学习究竟应该学什么?一定不是知识本身,而是把学习二字拆开来看,是学"基于待解决问题的相关知识",习"对知识的深度思考和应用的能力"。这才是学习这件事情的核心内容。

对知识进行深度思考和应用是件很难的事,也是件需要时间和空间、碎片知识和知识体系共同作用的事,它远远比迅速点开一篇标题有趣、内容空洞的文章难得多。但在这个时候,90% 的人会选择点开那篇文章。

当人们不断地从网络自媒体中获得新知识、新观念时会很开心,仿佛世间的一切事物都能被自己了解。但是,真要把这些新知识、新观念转化为能力并落到实处,需要一段相当漫长的时间。

在这段时间里,人们要经历一个攀登的过程。这就像学开车的时候,人们要忍受自己开车时左右摇摆或迷离游移,才有可能如老司机般驾轻就熟。这就像学游泳的时候,人们要忍受自己下水之后呛几口水,才有可能如鱼儿般在水中悠然戏水。

因为人们忍受不了这种漫长的攀登过程,就会下意识地喜欢新知识给自己带来的快感,于是继续狂刷自媒体。

时间一长,人们就会发现自己的眼界越来越广,脖子越来越长,但是手脚越来越笨,渐渐成为一只患上"知识瘫痪"的"长颈鹿"。

这些"长颈鹿"们总喜欢以"学习"为借口把大量时间花在刷自媒体上，他们没有越学习越智慧，反而越学习越无能。

我有个清华学霸校友 Scalers，是个社群名人。他在自己的公众号里写过一篇文章，名字叫《学到知识和学到知识的感觉》，其中提到许多互联网时代的"知识型 IP"最终给我们带来的只是"爽"感。这篇文章中有这样一段话。

如果想要在知识创业时代打造出好的商业模式，更应该着重给消费者营造一种"我学到了知识的感觉"，但这其实和知识没有半点关系。

我以前看过一个数据，一篇 Nature/Science 的论文所需要的投入是 16 万美元（数据可能不准确，欢迎提供引证），而"学到知识的感觉"，其实是一种像焦虑一样，可以批量生产、快速分发、规模收割的虚拟商品。

所以，自媒体上各种"牛人"所谓的"知识变现"归根结底是一种"感觉变现"，是一种"体验经济"，是一种"情感营销"，和我们真正想要的、真正能够帮助我们的知识其实没有什么关系。

你读到这里时，可能会有种自己似乎发现了惊天秘密的感觉，但如果没有认真理解和有效实践，也许同样只获得了一种"学到知识的感觉"。

我们真正想要的知识需要通过不断攀登来获取，我们真正需要的能力需要通过不断实践来锤炼。

5.2.2 避免浮躁和急于求成

人为什么会浮躁？

有人说，浮躁来源于人们内心的矛盾。

当我们有学业要完成，同时也有一场很喜欢的电影要看，面临选择时，最优的做法是，要么我们选择放松心情去看电影，全身心地投入电影世界，在电影结束前，不去想学业的问题，不去想看电影可能对自己学业的影响；要么，我们选择待在家里认认真真地学习，在学习没有结束前，不要想这部电影会有多精彩，不要想错过了观看这部电影会有什么损失。

但是，大部分人选择了看电影，却在看电影时想学习的事情；或者选择了学习，却在学习时想电影的问题。所以就有了矛盾，有了纠结。

智者懂得世间处处是不可兼得之事，所以一开始就择其一，并专心地做好它。

把时间和精力花在什么地方，就会收获相应的东西。

（1）如果把时间花在吃上，通常会收获脂肪。

（2）如果把时间花在玩上，通常会收获空虚。

（3）如果把时间花在读书上，通常会收获知识和远见。

问题不在我们有没有时间，每个人每天的时间是一样多的；问题在于，我们如何选择？

有一本名叫《异类：成功的故事》（*Outliers: The Story of Success*）的书说：每个了不起的"大师"都是经过差不多一万个小时的练习才最终成功的。

> 学习是一个过程，犹如春种秋收，有一个如种子发芽般改变的阶段，并不如许多人想象的那般容易。投入时间和耐心地坚持是成为学霸的必经之路。

在南美洲，有一个海拔 4000 多米，人烟稀少的地方，生长着一种叫普雅花的植物，它的花期只有两个月。它盛开之时，美丽到极致；枯萎之时，凄美且悲凉。

然而，这种花为了这两个月的花期，总是静静伫立在高原上，用叶子接收太阳给予的阳光，用根汲取大地给予的营养，忘我地营造着自己的芬芳，就这样默默等待了百年。

在冰天雪地的北极，时时可见厚厚的冰层上有一些冰窟窿，它们是海豹的出气口。一只体形硕大、浑身雪白的北极熊正晃动着略显笨拙的身躯，在这些出气口间来回徘徊，期待着能够猎取到定时上来出气的海豹。

因为海豹能够通过北极熊行走时冰层的振动觉察到它的一举一动，进而选择恰当的出气口。因此，大多数时候北极熊的来回奔波是徒劳的。

当北极熊意识到这种情况后，它便停止了能够暴露行踪的走动，坚定地守住一个出气口，一动也不动。北极熊的"不动"显然比"动"更能获得成功。

因为北极熊不动，海豹就对冰面上的情况一无所知，对安全出气口的判断准确率就会降低，因此选择出气口时往往带有很大的赌博性。

而由于海水的浮力，海豹一旦露出水面，想在短时间内返回水中几乎是不可能的，这时如果出气口边恰有一只北极熊，它很可能会面临灭顶之灾。

但北极熊的成功率并不会因此高出多少，因为一只海豹的出气口有十几个之多，北极熊想捕捉到一只海豹需要付出长久的努力和等待。

冰天雪地中的这种等待，考验着北极熊的毅力、意志和勇气。虽然狂风会吹得它雪白的绒毛如波涛起伏，扬起的雪屑落在它的眼睫毛上，让它睁不开眼睛。

　　但由于对生存的渴望，不管等待之路有多漫长、有多难熬，北极熊都会坚持下去。

　　对于马和骆驼这两种动物，俞敏洪比较喜欢骆驼，因为马和骆驼的寿命差不多，骆驼一生走过的路却是马的两倍。

　　俞敏洪说，人应当具有骆驼精神，而不是骏马精神。如果把人生的旅程想象成穿越漫漫沙漠，更能胜任这段旅程的显然是有韧劲、能坚持的骆驼。

　　俞敏洪曾在一个电视节目里讲过一个关于面粉的道理。一堆面粉放在桌子上，你用手一拍，面粉就散了。这就好像是大多数人面对挫折时的心态。但是如果在面粉中加一点水再拍，它就不容易散了。如果再加点水，揉一揉，面粉变成了面团。这个时候，它就更不容易散了。具备了这样的心态以后，我们才能在社会上生存。

> 　　当我们感觉人生没那么如意，或觉得自己再也坚持不下去的时候，请记得对自己说："没关系，这些都是我们必须经历的成长过程"。

　　踏实一些，不要着急，找准方向，用对方法，我们终会通过努力获得自己想要的东西。

5.2.3　学习者该有的态度

　　我高中时有个同桌，他初中的学习成绩很好，很多人有不会做的题都向他请教。

　　到了高中，知识的难度和体量明显加大了，他的成绩慢慢下滑，在班里处于中等水平。

同桌期间，我发现他有个很大的缺点，就是非常自傲。老师讲课的时候，他总是在老师刚讲了开头时就开始"秒懂"，然后就不认真听讲了。

他这人很好面子，不会做的题从来不问别人，有时候自己憋一天，也搞不懂一道题怎么做，最后就放弃了。

最终，他高考考得不太理想。

我们在学习时，最好表现得"傻"一点，不要碍于面子不敢请教同学。

这里的"傻"不是表面的客气和礼貌，是发自内心觉得自己不懂而想要学习和进步，是从零出发，想要完全搞懂知识。

空杯心态，不是简单地把自己想成一个空杯子，而是要有一种吐故纳新的能力。

李小龙曾经在自己的纪录片中说："清空你的杯子，方能再行注满，空无以求全。"在人生的道路上，我们会不断地遇见各种挑战，要时刻把自己清空，成为一个空杯子。

费曼曾对自己的学生说，不要假装自己听明白了课程内容，并装作一副高高在上的样子，想把别人比下去。他还告诉这些学生，不要浪费自己和他人的时间。这些学生的行为其实很不明智。

有的人觉得自己在接受，其实内心并不接受。因为他们觉得自己这个知道，那个也知道。有的人觉得自己在学习，其实根本没有学习。因为他们认为自己很聪明，别人说的自己都能想明白。

自作聪明的人喜欢"秒懂"，当别人跟他说一件事的时候，刚说了开头，他会说："啊！我知道！我明白！我了解！你说的是……这个事情我之前……"

当然，对于普通的小事，"秒懂"也许没有太多坏处。

我们要 7 分"聪明"，3 分"傻"。我们在输入的时候，要"傻"一点；输出的时候，"聪明"一些。今天我们把自己当傻瓜，问了个问题，知道答案之后就会更"聪明"。有了这种心态，我们就会比昨天更进步。

5.3 提高专注力

大脑，让人类获得高智商的同时，也带来了巨大的能量消耗。

为了减少能量消耗，人类养成了对于和自己基本生存需要关系不大的事情，就不过多思考，以节约能量的习惯。这也造成了我们在学习的时候很难专注。

5.3.1 学习时为什么无法专注

学霸不仅能够在学校高效学习，还能在家高效学习。而很多同学在学校可以保持良好的学习状态，但是回到家中，就很难专注地学习。

我们想成为学霸，就需要了解自己为什么无法专注。常见的导致我们无法专注的原因有以下 4 个。

1. 家人的干扰

很多家长希望孩子好好学习，但不懂得如何为孩子提供安静免打扰的学习环境。常常会出现孩子在学习的时候，妈妈让孩子帮忙拿东西，奶奶端来水果，爸爸过来询问学习进度的情况。总之，一些家人总是会有意无意地打断孩子的学习。

另外，家人创造的环境对孩子学习的影响很大。如果家人每天晚上都在看电视、玩手机，孩子就算想学习也很难学得进去。如果家人每天晚上都在读书、学习或安静地工作，孩子想玩也玩不起来。

2. 不喜欢某门课程

很多人有偏科的情况，这一点连学霸也不能幸免。我在清华大学的时候，很多同学都偏科。他们偏科的原因之一可能是不喜欢某门课程。如果对某门课程不喜欢，就会导致我们不能全心全意地投入该门课程的学习。

3. 玩具或手机的干扰

只要玩具和手机在视线范围内，即使很多同学一开始不想玩，也会忍不住多看几眼。看着看着，他们就不自觉地想拿起来玩一会儿。其实，所有和休闲娱乐相关的事物都可能会影响我们的专注力。

4. 动力或压力不足

很多同学的学习动力不足，所以缺乏专注力。这些同学对于作业，认为做完就好了；对于考试，认为及格就够了。一旦出现类似的情况，他们在学习的时候就很难专注，大概率会在学习一会儿后就直接放弃。

除了动力之外，缺乏专注力的原因还在于缺少压力。例如，只需要集中精力半个小时就可以完成作业，但现在离睡觉还有 3 个小时，一些同学总觉得不着急；对于复习而言，每天只需要拿出一个小时就够了，但现在距离期末考试还有两个月，一些同学总觉得现在复习有点早。

5.3.2 提升专注力的 3 个方法

专注也是一种能力，是一种需要不断修炼和培养的技能。有人说专注力取决于先天资质和耐力，实际上这是一个天大的谎言。

《专注力就是你的超能力》一书曾说，生活中的任何抉择其实都是一种消耗专注力的行为，我们要开源节流地使用宝贵的专注力。

教育家蒙台梭利说："最好的学习方法就是让学生聚精会神的方法。"那么，有没有什么方法或技巧可以提升专注力呢？

1. 适度的压力

适度的压力可以让大脑进入兴奋状态。在这种状态下，人的精神集中，学习效率高。

我们可以通过以下 3 种方法获取适度的压力。

（1）规划时间，例如安排晚上 8 点到 10 点必须用来学习。

（2）明确任务，今日事今日毕。这一点可以和好朋友相约执行，互相监督。

（3）记录问题，每天必须记录 3 个问题。每天反省自己，寻找自己的薄弱点，会让自己变得越来越好。

适度的压力能激发人的潜能，但过度的压力往往会压得人喘不过气来。我们压力过大时，要强迫自己冷静下来，寻找行之有效的方法去应对。

我们在面对压力时，不要焦躁，也许这只是生活对我们的一点小考验，相信自己，一切都能处理好。

2. 配合情景

配合情景在提升写作能力上尤为管用。我经常带儿子去近距离接触大自然，儿子每次都玩得很尽兴，一路上，还对奇怪的动植物很感兴趣，不停提问。

有一次，儿子的作文得到了老师夸奖，说他将画面描写得很生动。这是因为通过与大自然的近距离接触，他记住了丰富的素材，自然能写得绘声绘色。

这个方法对所有能把知识和情境联系在一起的情况都适用，例如背诵古诗词。

3. 交替学习

大脑是分区域的，如果我们长时间学习同一科目，会反复使用同一大脑区域。这样，我们很容易大脑疲惫，从而注意力分散。

这时，我们可以换着科目学习，使用大脑的不同区域，让大脑保持新鲜感。例如，我们可以文理科目交错进行学习。

5.3.3 保持专注力的 4 个习惯

每个人无法专注的原因有所不同，找到导致自己无法专注的因素后，我们就可以采取针对性的措施，保持专注力。

常见保持专注力的习惯有 4 个。

1. 收起无关的东西

如果自己的房间里有玩具和手机，我们要主动将这些东西放起来，不要让它们出现在自己的视线范围内。视线范围内只保留和当前学习任务相关的东西，如对应的课本、作业本和文具等，尽力做到"眼不见，心不想"。

2. 选择安静的环境

学习之前，我们可以和家里人打好招呼，避免家人无意间干扰到自己。不要主动选择在嘈杂的环境中学习。很多同学会选择去星巴克或肯德基学习，但这些地方往往比较嘈杂，外界干扰源较多，反而很难集中精力学习。

3. 番茄工作法

我们可以使用番茄工作法学习，给自己设置一段时间的学习目标（初期可以学习 20 分钟，休息 10 分钟，后期可以逐步加长学习时间，缩短休息时间），给自己一定的学习压力，进而迫使自己专注于当下所做的事，这可以有效解决因为压力不足造成的学习不专注的问题。

4. 注意休息

好的身体状态是学习的基础。我们应在少熬夜的前提下保证睡眠充足，合理安排饮食和运动，保证每天都精力充沛。如果感觉疲劳，可以闭眼休息 20 分钟，恢复精力后再继续学习。

总之，我们要减少外界的干扰，给自己一定压力，保持足够的精力，才能保持专注力，在家里高效地学习。

06

第 6 章

利用费曼学习法有效听课自学

要想学习好，就要学会听课，学会自学。会听课、会自学的
同学往往具备较高的学习效率，不会听课、不会自学的同学
就算花费大量的学习时间，也会因为没有掌握正确方法而造
成学习效率低下，很难取得好的学习成果。

6.1 上课时如何听课

好好听课是取得良好学习成果的第一步。同一堂课上，不同的人的听课效率有所不同。上课期间，会听课的同学比不会听课的同学可以学到更多知识。

6.1.1 上下半场策略

我有个高中同学张三，属于小迷糊类型。他在上课开始的时候精力充沛，过了 10 分钟，就开始犯迷糊，再过 10 分钟，又开始恢复状态，导致每节课都有一部分内容是学得稀里糊涂的。有一次期末考试，他坐在角落里，中途竟然睡着了，直到打起了呼噜，才被老师发现。

> 很多学生都有类似的感受，每节课开始和结束时，比较容易集中精力，但在课程中间，就容易松懈。对于课堂上老师讲解的内容，这类学生自然也是对开始和结尾时的内容掌握得最好，对中间的内容就有点糊涂。

为什么会出现这种情况呢？主要有以下两个方面的原因。

1. 记忆角度

心理学中有一个系列位置效应：在一段连续的学习中，大脑最容易记住开头部分和结尾部分的内容。

因为在开头部分，大脑会把最新接收的知识作为核心，然后围绕这个核心绘制一幅图，后续接收的信息都会被加入这幅图中。这被称为首因效应。而结尾部分的内容由于是最后学习的，有着短期记忆的优势，表现出来的记忆效果是最好的。这被称为近因效应。

2. 精力管理

每个人的精力有限。大部分人只能持续集中注意力 30 分钟左右，有的人甚至更少。一旦超过这个时间，就可能会出现这种"开头努力""结尾努力"，但"中间松懈"的现象。

因此，在考试这类超过 60 分钟的项目中，张三出现中途睡着的情况就不难理解了。

那么，张三这类同学应该怎么办呢？

这类同学除了平时要练习和提升自己的专注力之外，还可以运用"上下半场策略"。

一节课有 45 分钟，我们可以将其一分为二，前面 20 分钟为上半节，后面 25 分钟为下半节。这样，一节课就有 2 个开头和 2 个结尾，中间部分则被压缩了。

我们可以将上半节的前 10 分钟设置为开头，中间 5 分钟设为过渡期，后 5 分钟设为结尾，然后将下半节的前 5 分钟设为开头，中间 10 分钟设为过渡期，后 10 分钟设为结尾。

在开头和结尾，我们要集中注意力认真听课，在过渡期，如果老师讲的内容，我们很熟悉，则可以稍微松懈一下，再认真听课。这样，一节 45 分钟的课中有 30 分钟用于全神贯注地高效率听课，有 15 分钟属于过渡期，我们的记忆效果和注意力都能变得更好。

张三后来就是运用这种方法，让上课时的迷糊时间减少了，考试时再也不睡觉了，成绩突飞猛进，最终成了学校里的传奇人物。

6.1.2　保持互动策略

我的小学老师曾经教过我一个听课的方法，让我受用终生。那时我上小学二年级，由于条件艰苦，没有教室，我们只能在麦地里上课。

我们十几个孩子拿着小板凳听课，每次听课的座位都是随机的。当时所有孩子都想往后躲，这样就可以偷偷聊天，不用认真听课了。

我最初也是这么做的，但老师的一段话改变了我的想法，也改变了我的人生。他说："你们想让老师喜欢吗？想成为尖子生吗？想好好学习有出息吗？那你就坐到前面来，这样就能成为学习最好的那个。"

听了这番话，我主动地坐到了前面。正是这一次，我被老师表扬了，感觉很开心，于是后来就一直这么做。

为了得到更多表扬，我每次都坐在第一排，积极回答问题，盯着老师的眼睛，猜他要问什么，不知不觉中，就成了班里的第一。

这种与老师互动的做法，我一直坚持到了大学。大学时，每天上课，我都主动坐到第一排，因为这样可以集中精力，更快地吸收知识。

> 当然，在大学之前，座位往往是老师安排的，我们没有办法改变，但这种上课时与老师互动的做法，却是不论自己坐在哪里，都可以进行的。

上课时与老师的互动不只是回答问题，与老师进行眼神交流、表情传递等也是重要的互动方式。

例如，上课时听懂了某个知识点后，不要吝啬自己恍然大悟的表情；老师讲到幽默处时，不要吝啬自己的微笑；认为老师讲得有道理时，不要吝啬自己表达肯定的点头。这些表情和动作都是非常积极的互动。

从学习的角度来说，保持互动这样一个简单的行为带来的好处非常多。

1. 实现主动学习

积极主动参与到课堂中，能激发我们的学习兴趣，使我们拥有更多的学习热情。这不仅可以帮助我们快速理解学习内容，还可以使我们加深记忆，从而保持长期专注，减少走神的次数。

2. 促进主动输出

听课过程中如果我们能主动回答老师的问题，则能促成更有价值的互动。

听课过程中，我们的大脑会逐步形成对知识的记忆。这时的记忆是模糊的，而回答问题时，大脑需要对记忆进行整理、细化，让我们对知识的理解更为精确。回答问题后，通过老师的反馈，我们还可以发现理解上的偏差和错误，并及时纠正。

3. 获得成就感

学校的学习过程是长期的。每个人都需要不断建立自信，获得成就感，才能更有学习的劲头。除了自我激励外，来自外部的激励也是获得成就感的方式。在学习过程中，老师的肯定和赞扬非常有价值。老师的一次表扬，可以让我们连续几天学习都非常有劲头。

在费曼学习法中，成就感主要来源于知识的输出过程。把抽象复杂的知识用简单的、易于被别人理解的语言输出，我们就可以快速地从别人那里获得反馈，这既能帮助别人学习，也能使我们获得成就感。

6.1.3 突破心理障碍

初中时，数学老师特别喜欢群体提问，如一边板书，一边说："等腰三角形，有几个底角？"一听到尾音升调，我们就知道该回答问题了。在这个过程中，我们每个人都跟着老师的提示，主动思考学过的内容，很少会走神。

对于有难度的问题，老师会点名提问。被点到名的同学都会快速整理思路，组织语言，进行回答。

自习课时，老师会走下讲台，在教室里巡视。当老师走到旁边时，我们提出自己的问题，寻求老师的解答，以解决在学习中遇到的问题。

这些互动极大地提升了我们的学习效率。但很多同学出于各种原因，错失了这种学习机会。

大部分不愿意积极参与互动的同学，都是心里想得太多，导致"张不开嘴"，常见有以下4种情形。

1. 惧怕公众场合

很多同学在人多的时候，不敢发言，总是怕出丑。

> 其实这里存在一个认知误差。人们最擅长记忆对自己有利或有害的事情，所以，出丑的事情往往只有当事人会记住，周围的人通常记不住。

初中时，我有一次穿了两只不同的鞋去学校。我同桌发现后，笑得前仰后合，捂着肚子趴在桌子上起不来。当时我尴尬得想找个地缝钻进去，这件事我一辈子都不会忘。

几年后，我和他说起这件事时，他瞪大眼睛问我："有这件事吗？我怎么完全不记得了？"你看，这件在我看来非常重要的事，在他看来，其实根本不重要。

2. 怕没有存在感

有的同学觉得自己学习不好，老师可能没印象，课上不敢举手回答问题，怕老师叫不出名字，让老师尴尬；课下问问题，又怕老师认不出来自己，让自己尴尬。

实际上，大部分老师的记性都很好，上过两节课，就能把大部分同学记住，但有的老师带的班比较多，也许确实有这样的问题。

但就算有，这也是人之常情，就算老师记不住我们的名字，也并不代表老师不重视我们。实际上，越不积极地和老师互动，越没有存在感。反过来，越积极地和老师互动，越能让老师记住我们。

为了以防万一，我课下在问老师问题时，都会先自报家门，比如"我是 × 班的 × × ×"，老师一般都会回应："我记得你。"

3. 怕问题太简单

有的同学担心自己提出的问题太简单，会被老师批评。实际上，老师从来不怕学生的问题简单，而是怕学生不动脑。

我有时候也会觉得自己提的问题简单。对于这种情况，我的做法是，当问题看起来很简单时，我会把我的思考过程和困惑说给老师听。

老师其实很喜欢听到这类提问，因为这类提问往往有代表性，表面简单，实则内有乾坤，可以帮助老师调整教学方法。

这样，我不但解决了自己的问题，还帮助了老师。

4. 不喜欢老师

有的同学不喜欢某个老师，或者因为某件事跟老师生气，宁可问同学，也不问老师。这是非常不明智的行为。

授业解惑是老师的职责，而且老师的经验更丰富，在解答问题上，老师往往比同学更专业。

实际上，越不喜欢某位老师，我们越应该尝试和这位老师互动。

互动过程会让我们和老师增加对彼此的了解，更容易消除各种误会。

6.1.4 高效提问策略

在学校中，我们和老师之间会有各种形式的互动。基于问题的交流就是一种重要的互动方式。这种互动方式不限于老师向学生提问，学生回答，还可以是学生向老师提问，请老师帮助自己解答。

费曼从小学习成绩优秀，也正源自他总是不断地提出问题。费曼提出来的问题通常基于他对知识更深层、更多维的思考。

> 课上老师提问，我们是在被动回答。但课下问老师问题，我们则是在主动提出问题，这能促使我们主动思考，挖掘更深层次的知识。

很多同学都不擅长提问，我将我的方法总结如下。

1. 做好准备工作

我们提问之前，要先把问题想好，然后列出来。同时，我们还需要总结思考问题的过程。这样，提问的时候，老师可以了解我们是如何想的，找出真正的问题所在。解决一个问题的思路，往往可以解决一类问题。

另外，我们不仅要为自己准备好笔和纸，还要为老师准备好笔和纸，方便老师通过书写为我们解答。

2. 和老师约定时间

解答有些问题需要很长时间，课间时间往往不够。所以，我们提出这类问题时，可以提前和老师约定解答时间。

这样，老师有充足的时间解答，我们也可以详细讲述自己的思考过程，得到老师的建议。

3. 提问过程中保持专注

我们在提问过程中，一定要保持专注，避免被周边环境干扰。老师解答的时候，我们要跟着老师的讲解思路走。

老师进行书面分析的时候，我们一定要让老师使用自己准备的纸。这样方便带走回顾。问题解决后，我们还要征询老师的建议，以指导自己对同类问题的学习。

4. 后期一定要回顾

问题解决后，我们要及时将自己的提问、老师的解答和建议进行整理。整理的时候，我们要将自己的思路和老师的思路进行对比，找出差异并进行分析。

> 基于现有问题，仔细思考老师给出的建议，列出可执行的具体措施。执行几次后，将实施效果反馈给老师（这很重要）。

6.2 如何复习知识和回顾错题

知识必须经过不断应用和回顾才能记得牢，这就要求我们一定要定期复习，通过复习梳理知识体系，加深记忆，查漏补缺。笔记、错题和教辅资料是复习的重要工具，善用这些工具，能让复习事半功倍。

6.2.1 如何系统有效地复习

学霸和中等生的主要区别之一在于复习。通过复习，学霸对知识能做到滚瓜烂熟，形成条件反射；而中等生往往只能做到好像每类知识都会一点。

更有甚者，很多知识都复习不到，且根本不知道自己不知道。越不知道，其越觉得没必要复习，越不复习，则越不知道，从而陷入了恶性循环。

所以很多中等生会觉得复习没意义，其实不是复习没意义，只是他们不知道该复习什么，以及不知道该如何复习。就这样一点点积累下来，学霸和中等生的成绩差距就拉开了。

在学校的学习中，我们复习时常用到的工具是作业。作业可以帮助我们训练阅读能力、表达能力，巩固相关的知识。

作业虽然可以作为复习的工具，但如果我们只通过作业来复习，是远远不够的，原因如下。

1. 形式被动

做作业是通过外部题目刺激，来引发我们检索知识点。在做作业的过程中，大脑是被动地形成对应的经验记忆的，学习效率不高。

2. 形式单一

常见的作业形式通常只有填空、选择和解答 3 种，考察的思路相对固定。作业中很多题目的形式和内涵存在大量重复，因此，仅用作业来复习，效果不佳。

3. 针对性差

为了变换题目形式，很多作业混杂了很多其他已经被熟知的知识点。真正需要复习的知识点只占其中一小部分，这会使我们把大量的时间和精力浪费在不必要的复习上。

4. 浪费时间

很多题目为了有趣，加入了大量故事内容。光题干就有两三百字，从而需要大量时间进行阅读。解答时，也需要大量时间进行书写。

总而言之，利用作业进行复习虽然是复习的一种形式，但耗费的时间长，效率也很低。完全依赖作业进行复习，是不现实的。

要想学习效率高，我们需要主动复习，即采用更灵活、更有针对性的方法进行复习。常见的主动复习方法有以下3种。

1. 总结复习

总结复习是主动的，可以在两个时间段进行，第一个是下课后，主动总结在上一堂课中学到的知识；第二个是睡觉前，主动总结当天学到的知识。

下课后，我们应趁热打铁，使用两分钟进行总结，主动了解自己对课程的掌握程度。如果发现总结不出来的，可以马上问老师和同学。不要小看下课后的这两分钟的总结，这是及时巩固知识点，加深自己对知识的理解和掌握的重要一步。

我们还可以利用睡前半小时总结当天学到的知识。睡前半小时是黄金记忆时间，睡觉期间，大脑会对记忆进行整理和加工。所以，利用这个时间段复习，不仅可以加深记忆，还可以加深理解。对于单词、历史年代这类零碎知识，我们可以将其预先抄在纸上，方便睡前复习。

2. 抽卡复习

抽卡复习即准备一堆卡片，将每天学到的知识进行分类整理后，记到不同的卡片上。例如，将惰性气体的各种特性记到一张卡片上，将语文的各种虚词范句记到一张卡片上。在等车时或其他空闲时间，我们可以利用这些卡片进行复习。这样复习能充分利用碎片化时间，让复习更灵活。

3. 目录复习

当有大块的时间时，我们可以利用课本目录进行复习。这时，我们可以回忆每个课题包含的概念、性质、公式，然后叙述并写下来，最后，翻开课本，进行对比，检查是否有纰漏。基于目录的复习更为主动，由此建立的知识体系也更为完整。

6.2.2 思维导图的正确用法

思维导图是系统复习的工具。思维导图很有用，但不要神话它。

有一次一位家长问我，他的孩子读 4 年级，学习成绩不理想，想让孩子通过学习思维导图提高成绩，让我推荐好的思维导图课程。

聊完以后，我发现很多人把思维导图神话了。思维导图其实没有那么难，也没有那么神。

这里纠正 5 个对思维导图的错误认识。

1. 思维导图要画得很漂亮

在很多教画思维导图的课程上，为了课程效果，其展示出的思维导图都是花花绿绿的，看着很漂亮。有些孩子美术功底不好（例如我儿子），看到别人画得这么漂亮，就退缩了，没自信了。

其实不绘画也可以做思维导图。追求把思维导图画得漂亮反而背离了思维导图的本质。

> 思维导图是给谁看的？当然是给自己看的。更确切的来说，思维导图不仅是给自己看的，更是给自己用的。

思维导图的意义不是用于攀比，而是帮助我们理清逻辑关系，让大脑快速记忆知识。

2. 抄写学霸的思维导图

有些同学为了偷懒，或者觉得别人的思维导图更漂亮，就直接将其照搬过来，这也是不对的。

制作思维导图的过程能促进我们思考，帮助我们在思考过程中加深记忆。如果我们抄写别人的思维导图，相当于放弃了珍贵的思考过程。

如果我们很欣赏别人画的思维导图，可以尝试自己画一张，然后和别人的进行对比，看看哪里有差别，并分析为什么会存在这个差别？

这个思考过程也是学习的过程，等我们琢磨明白，也就把知识吸收了。

3. 没必要用软件

可以用来画思维导图的软件有很多，有的软件画出来的思维导图确实很精美，很多人纠结该用哪个软件。

这和前面追求漂亮的思维导图一样，过于看重形式。其实，用笔写下来，记忆更深刻。

4. 只是复制目录

这是一种偷懒的行为，我们如果只是把大纲或目录中的关键词堆到思维导图上，这和我们掌握的知识体系是无法匹配的。

每个思维导图都应该是独家定制的、适合自己的。仅仅为了画图而画图，那是自欺欺人、浪费时间，还不如不画。

5. 太过复杂

有的同学面对新知识，觉得哪里都是重点，想把知识全部放进思维导图，这很正常，但并不建议这样做。

> 我们在画思维导图的时候，应该在整理知识前明确自己的学习目标，只整理对自己有价值的内容。

费曼学习法的核心是把最重要的知识在输出的时候整理出来，通过深度的理解加工提取最核心的知识要点。所以，利用费曼学习法画出来的思维导图，应该清晰明确，能反映出一个知识点的整体架构，并且我们能够用一句话总结出这个结构代表的含义。

6.2.3 整理笔记的方法

上课时老师讲得快，有的同学的笔记记得龙飞凤舞。等到复习的时候，自己都不知道记的是什么。这其实是因为这些同学漏了"整理"这一步，而整理笔记非常重要。

（1）课后的 24 小时是遗忘的高峰期。在这段时间内，每个人将遗忘 70% 的内容。及时复习能减少我们将遗忘的内容。

（2）大脑更善于记忆条理性的内容。相比课本，笔记是基于课堂内容的总结，条理性更强。

（3）老师在讲解时，加入了手势、语言、表情等元素。整理笔记的时候，有的同学会自动将这些元素和知识结合，把单纯的知识记忆转化为经验记忆，而经验记忆在大脑中存续的时间更长。

（4）通过笔记，我们可以对课堂知识进行二次总结，便于后期复习。

很多同学不会整理笔记，把整理笔记变成了抄写课本，这是起不到效果的。要有效地整理笔记，我们应遵循以下 4 个原则。

1. 不能拖延

课后要及时整理笔记，不可以拖延。整理笔记时，我们要对照课本和原有笔记，回忆课上讲解的内容。所以，当天的笔记，一定要当天整理。否则，到了第二天，我们会忘掉大部分内容，就不具备整理的有效性了。

2. 增删改查

老师讲得快时，笔记很容易记得不完整。整理时，我们需要将遗漏、跳跃和省略的内容进行补充，将简写的、用符号替代的部分，进行恢复。

对于课本上有、但不重要的内容，我们要舍弃，要保持笔记的简洁性，减少记忆量，要对错别字、记录不准确的部分进行修改。

最后，我们要进行整体检查，确保笔记的完整性、简明性和正确性。

3. 分层编号

分层编号是指按照提纲，对笔记内容进行分层、排列顺序，然后为其加上统一的编号。

通过整理，我们不仅可以重新梳理知识结构，加强各个知识点的联系，还可以加深理解，提高记忆效率。

4. 分类抄写

分类抄写是指对整理后的笔记内容进行分类，并对不同类型的内容用不同的颜色和符号进行标记，然后将相同类型的内容抄写到其他地方，如卡片上。

整理笔记有以下 3 个常见误区。

1. 将笔记重新抄写一遍

有的同学觉得笔记上的字太乱，会把笔记重新抄写一遍。这是一种效率很低的学习方式。整理笔记的作用在于回顾课上老师讲解的内容，加深理解。只要不影响阅读，不用刻意讲求字迹的工整。

2. 把纸面填得满满的

有的同学希望把纸面填得满满的。这样，复习的时候，就不用看书，只看笔记。

其实，笔记是对课本内容的补充，再详细的笔记也不应该代替课本。复习的时候，课本和笔记对照使用效率才更高。

3. 每篇笔记只记录新的内容

为了避免重复，课本的每一部分都是新的知识点。有的同学认为笔记应该和课本保持一致，刻意让每篇笔记只包含新的内容。

这样会人为割裂知识点的关联性。知识点之间是互相关联的，通过掌握这种关联性，我们不仅可以复习旧内容，还可以加深对新内容的理解。

所以，在整理笔记的时候，我们可以适当加入联系紧密的旧内容。

6.2.4 错题本应该怎么用

错题是我们应当重点复习和掌握的。题目做错，代表我们没有充分掌握其中的知识点。要有效复习错题，我们可以设置一本错题本。很多同学都有错题本，但最终都没用上。要有效使用错题本，以下3个误区要避免。

1. 把错题本整理得很漂亮

这一点和使用思维导图的原理一样，错题本是拿来用的，不是拿来看的，所以错题本不必整理得很漂亮。

有"洁癖"的同学，一定要注意这个问题。我上学的时候，班里有个女生就这样，给错题本包了书皮，里面的字很工整，答案、解析、知识点写得也很好，可她的成绩一直处于中等水平，后来发现，错题本的"保养"居然成了她的负担。

因为她很想让自己的物品都整整齐齐的，所以对错题本很重视。遇到不会的大题，她就把题目认真抄写下来，然后把答案一步一步写清楚，从而经常为了一道大题花费很长的时间。

正确做法是，用最短的时间把错题本整理好。

（1）对于大题，可以直接把试卷上的对应部分裁下来，贴到错题本上。

（2）对于答案，不用全部写，只要写出关键点、易错点就可以了。复习的时候，强迫自己在大脑中演算，提高答题速度。

2. 将错题本束之高阁

很多同学说错题本没用，是因为他们变成了抄错题机器，根本没有充分利用错题本。如果整理错题本占 20 分，那么后期翻看错题本则占 80 分。

我的错题本很厚，没事的时候，我就把错题本翻出来看看。考试前，我会把所有错题翻看一遍，最开始要用半天的时间才能看完，后来越来越快，甚至有些题目一看开头，解题思路就自动出现在脑海里了。

这时再看这本厚重的错题本已经是在浪费时间了，因为里面大部分题我都会了。于是，我把整个错题本进行压缩，剩下了不到 10 页，里面都是需要采用特殊思路或有陷阱的题目，只要花十几分钟时间过一下就行了。

到这个地步，错题本的使命才算完成，这也说明我们把其中的题目全部消化、理解了。

> 说错题本没用的同学，先问问自己，其中的题目你都会了吗？确认 100% 能得分吗？如果答案是否定的，那就继续翻看错题本吧。

3. 妄图使用软件

很多同学觉得整理错题本浪费时间，于是想通过软件来提高效率。我们在手机的软件商店中搜索"错题本"，会出现很多的 App，随便选一个，大致会看到如下功能介绍。

（1）快速整理错题。通过拍照、扫描手段获取试卷、习题集照片后，在计算机中截取错题，优化处理错题并根据需要输出到 Word 中，便于用户重新练习或形成资料。

（2）将错题进行分类。通过设置目录结构将错题按照知识点、时间段进行分类储存，用户可根据需要选择显示、输出相关题目。

（3）快速检索错题。可根据不同条件快速查找错题，便于用户集中复习。

（4）按照错题题型、出错原因统计分析错题数量、所占分数、比例。以数据、图表形式统计分析错题的相关信息，便于用户查找自身漏洞，使学习和测试更具有针对性。

是不是挺好的？基本上我们想要的功能都有，最重要的是有搜索功能，可以让我们很快找到不会的题目。

这么说我们应该使用软件来整理错题？

错了！如果不是自制力较强的人，用软件整理错题的效率往往不高。原因如下。

（1）在纸上整理错题的过程，有利于我们加深记忆。而拍照、录入电脑的过程则没有加深记忆的作用，而且有时候浪费的时间更多。

（2）前面讲过，如果要避免自己拿手机玩游戏，最好的办法就是将手机放在别处。如果为了整理错题使用手机，我们难免会不自觉的玩上手机。

6.2.5 如何用好教辅资料

高中的时候，学校给每科都订了 3~4 本教辅资料。而老师常常只讲其中一本，其他的让我们自己做练习。

后来我发现，我们几个长期处于全班成绩前 5 名的，基本只做老师必讲的那本，能够拿出更多时间做两本以上的同学的成绩反而只处在班级的中等水平。

那我们该如何用好教辅资料呢？

1.先看课本，再看教辅资料

我每次看教辅资料之前，都会先翻看一遍课本。毕竟，课本是核心，只有先把核心抓住，然后才能有针对性地看教辅资料。这样，我的目标更明确。而能做几本教辅资料的同学都很焦虑，唯恐练习不够，通常直接上手看教辅资料。

有时候，教辅资料的内容偏离教学大纲，为了拓展同学们的视野，会加一些偏题、怪题，这可能会对一些同学造成误导。所以，我们要先看课本，再看教辅资料。

2.掌握思路，同类练习

教辅资料基本都是针对课本内容的，不同的教辅资料在内容上具有相似性，课本上的题目在每本教辅资料上也都能找到类似的。

在复习课本和笔记的时候，我会先分析老师在课上强调的典型题目，总结解题思路，然后，从教辅资料中找出类似的题目，进行练习，检验自己的掌握程度。

> 大量看教辅资料的同学很容易陷入挣扎。其实做题的数量不在于多，而在于有效。搞懂了一个题目，理解了这个题目背后的解题思路，再通过适当的练习检验自己的掌握程度，往往效率更高。

3. 做好笔记，精深加工

同课本一样，我的教辅资料上也有密密麻麻的笔记，标记了很多难点和做错的地方。

我认为，能被老师着重讲的教辅资料，绝对是有价值的，是值得重视和挖掘的。所以，我的方法是"发现一个问题，解决一个问题"，避免犯同样的错误。

而很多同学只把教辅资料当成一次性的练习册，做对了很开心，做错了也无所谓。这样做的结果往往是，做大量的练习，重复犯错，事倍功半。

4. 汇聚总结，加深理解

每次做完教辅资料，我都会把课本、笔记和教辅资料的内容放到一起分析。课本、笔记和教辅资料的内容来源不同，形式也不同。

对其进行汇总和对比，我可以很容易地找出其中的异同点，以不同的形式加深理解，建立更为完整的知识体系。

而每次都做几本教辅资料的同学几乎把时间都花在了做题上，没有时间进行事后分析，从而错失了精进的机会。

所以，教辅资料不在于多，在于精。在完成复习课本的前提下，有针对性地练习，仔细做笔记并进行汇总分析，才能深入理解和掌握各个知识点，充分发挥教辅资料的作用。

6.3 在家如何高效学习

虽然学校是学习的主战场，但在家学习也不能忽视。因为在家里，我们需要完成做作业、预习、复习等学习任务。由于家里往往缺少学习氛围和老师监督，很多同学的学习效率并不高。这时候，我们就需要掌握在家应有的学习状态，实现在家高效学习。

6.3.1　在家高效学习的 3 种状态

要让在家学习变得高效，我们可以借助一些生理本能。

在进化的过程中，为了应对各种危机，人类形成了各种的生理本能。这些生理本能潜移默化地影响着我们的各种行为。利用这些生理本能，我们可以营造出高效学习的各种状态。比较常见的有以下 3 种状态。

1. 饥饿状态

对于人来说，饥饿是一种危险的状态，会直接影响生存。当我们处于饥饿状态时，胃会释放饥饿激素。这些激素进入血液，会刺激大脑，使大脑变得活跃。

> 这种机制会让人想办法获取食物。而进食后，饥饿激素减少，大量血液进入肠胃，以便食物尽快被消化和吸收。这个过程中，大脑的供血减少，人就会觉得犯困。

很多同学回到家后，喜欢先休息一会儿，吃完饭后才开始学习。这就错失了学习的最佳时机。

正确的方式是，将主要学习任务放在饭前进行，而饭后可以休息一会儿，再开始学习。这样，我们就可以借助饥饿状态提升学习效率。

2. 行走状态

在远古时期，人们需要面对各种凶猛的野兽。当行走在外面时，人们需要仔细观察周边环境，时刻警惕可能存在的危险。

因此，我们处于行走状态时，大脑会处于活跃状态，注意力特别集中。这时候，学习效率也会提升。

在家中，我们也可以营造这种状态。首先，找一个空间相对宽阔的房间，将地上的东西收起来。然后，边走动边完成不需要动笔的学习任务，如背课文、背单词等。

3. 低温状态

较低的温度也会给人带来危机感。因为一旦温度降到一定程度，就会造成冻伤，甚至危及生命。所以，在低温状态下，大脑会比较容易保持清醒。

而在温度高一些的环境中，人会产生安全感，很容易昏昏欲睡。这时，大脑的血液循环速度会减慢，思考能力也就降低了。

所以，从学习角度考虑，我们可以将家中的室温调低一些，保持凉爽的状态。我们在夏天可以多开一会儿空调，避免产生闷热难耐的感觉；在冬天少开一会儿暖风，避免处于暖洋洋的状态中。

> 饥饿、行走和低温这 3 种状态会激发人的生理本能。利用好这些生理本能，我们在家也可以高效学习。

6.3.2 井井有条提高学习效率

积极心理学家乔丹·彼得森教授在他所著的《人生十二法则》一书中主张的一个重要的原则就是，一个人要把自己所处的空间整理得井然有序，才能把自己的状态调整到最佳。

《弟子规》中说的"房室清，墙壁净，几案洁，笔砚正"也是这个道理。没有干净整洁的学习环境和学习工具，我们又怎么能安心地、专注地学习呢？

张三在小学的时候成绩不错，经常考满分。可是一到初中，成绩持续下滑。老师找到张三的妈妈，说他不是记错上课的科目，就是忘记老师布置的作业有哪些。

最近几个月，张三在家里学习时，妈妈发现了问题所在。原来张三很懒，把所有的东西都堆到一起，每次上课前，都要翻半天，把宝贵的注意力都用在找书上了。

其实，杂乱无章不仅会影响我们的注意力，还会影响我们的逻辑思维能力，对于成长期的孩子，直接表现是成绩下滑和性格暴躁。

这是为什么呢？

有一种特殊的记忆类型叫工作记忆。它是一种用来完成推理、言语理解等任务的记忆资源。我们可以通过不同方式感受工作记忆的作用。

（1）老师教了英文单词 bag 的发音，为了使记忆深刻，我们的大脑会不断回忆这个发音，我们会反复"听"这个声音。

（2）父母问我们教室里的桌椅有几排、几列时，我们的脑海中开始浮现出教室的场景。

（3）在教室里，如果我们的同桌问我们的父母站在讲台上讲课会是什么样子，这时，我们会看一眼讲台，把场景和父母的形象融合在一起进行思考。

> 不论是大脑中想着的声音、场景，还是场景和记忆中的形象融合，都是通过工作记忆完成的。工作记忆的容量越大，我们就可以思考越多、越复杂的信息。

但相比我们每时每刻要处理的信息来说，工作记忆往往是不够的。这时，我们就会出现走神或被打断的情形。

例如，我们正在回想单词发音，这时候同桌叫我们，这个回想过程就会被打断；我们正在回想某个数学公式，却忽然想起数学作业还没做，就很容易走神，并开始考虑什么时候做数学作业。

张三因为被一堆琐碎事务占用了工作记忆，工作记忆严重不足，以至于成绩持续下滑。为了减少占用工作记忆，我们该怎么办呢？常用的 3 个做法如下。

1. 把物品放到固定的位置

把作业本、课本、文具等物品放到固定的位置。这样，我们不仅可以避免注意力分散，还可以避免忘拿、找不到等情况的发生。我小时候用文具盒装文具，用塑料袋装各科课本和作业。现在的孩子多用笔袋装文具，用科目分类袋装课本和作业，道理是一样的。

2. 随时记录发生的事情

随身带一个记事本，随时记录每天发生的事情，例如，老师布置的作业内容、活动安排等，避免因为忘记而引起情绪波动，减少对工作记忆的占用。记录日常可以使我们的记忆更为清晰，思维逻辑性更强。

3. 制作日历和做事清单

课程表是我们课业学习中最基础的做事清单之一。除此之外，我们还可以使用日历，安排和记录每天要做的事情。同时，我们每天都要有具体的学习目标，让学习变得更有序。

杂乱无章不仅仅是一种不好的生活习惯，也是一种不好的学习习惯。要想学习好，我们就需要合理地安排生活，让生活变得井井有条，这样才能提高学习效率。

6.3.3 促进行动的 5 分钟策略

很多时候，我们到家之后，书不想翻，作业不想写，只要有一丁点难度的任务，一概不想做。

但这时候我们心里又很明白，书必须看，作业也必须写。

这时候，该怎么办呢？

在上学时，我也经常遇到这种状态。那个时候，我只要硬着头皮做上几分钟，问题就解决了。

就像跑步一样，我们在一开始怎么都不想跑，咬着牙迈出第一步、第二步……慢慢跑起来后，一不小心，就能跑两公里。

后来我明白了，回家之后不愿动的本质，就是缺少干劲。干劲是多巴胺刺激大脑的一种表现，而多巴胺是由大脑中的伏隔核产生的。

伏隔核位于大脑的中央部分，要想让伏隔核产生多巴胺，就需要让伏隔核受到持续刺激，刺激的方式就是行动起来，让持续不断的信息进入大脑，刺激伏隔核。

等到伏隔核被激活了，就会慢慢分泌多巴胺。这时，多巴胺就会让我们对现在做的事情充满干劲。

多巴胺的产生存在一定的滞后性。这很容易导致一个困局：我们可能会不想做事，等着多巴胺带来干劲，而伏隔核则等我们行动起来刺激它，才分泌多巴胺。

> 如果我们不先行动起来，就会一直待在这个困局中。根据我的经验，只要行动 5 分钟，就会产生干劲。我把这种方法叫 5 分钟策略。

为了能够在开始时顺利坚持 5 分钟，我有以下 3 个小技巧。

（1）先完成用脑少的任务。例如，先完成抄写课本这种简单的作业，再完成其他作业；先做选择题、填空题这类简单的题目，再做解答题这类难的题目。

（2）先选择超过 5 分钟以上的任务。太小的任务用时太短，伏隔核还没有被激活，就需要换任务，会造成刺激中断，从而不会产生多巴胺。

（3）先选择优势科目，降低起步难度。如果我们直接从劣势科目开始，难度太大，很可能 5 分钟不到，就放弃了。

所以，并不是我们主观上不想做，只是大脑在"拖后腿"。我们只要先行动起来，坚持 5 分钟，干劲自然就有了。

6.3.4 当心身边的红色陷阱

以前我觉得我很讨厌红色，因为我每次看着试卷上大大的红色对号或错号，心里都颇有压力。尤其是看到错号时，我心里总是会咯噔一下。即使是满分试卷，我也不太愿意翻看。对于试卷上的错题，我宁肯抄到错题本上，也不太愿意借助试卷进行复习。

曾经，有人送我一本红色封面的笔记本。每次放学整理书包的时候，我都会把它放到其他书的下面。复习的时候，我总会把它排到最后。

不仅是书本，我连红色的衣服也不喜欢。初中新开几何课，代课老师刚结婚，每天穿着一身红西装，看着非常刺眼。

当时我感觉这个老师应该非常凶，从而感觉几何很有难度，所以几何学得不好。

过了两个月，天气冷了，她换了别的颜色的衣服。我对这个老师有了不一样的感觉，觉得她似乎没那么凶了，几何好像也变得挺简单的。

上大学后，我和同学聊起这个话题，发现大部分人都有类似的感受。最近几年查阅脑科学相关的资料，我才发现这并不是我的喜好问题，而是大脑的自动反应。

> 在人的认知中，红色是血液的颜色，往往意味着危险，所以各种重要标志都使用红色。例如，红绿灯中的红色表示禁止通行，交通标志用红色圆圈进行提醒，再加一个斜线表示禁止某种行为。

当看到这些红色时，我们的神经系统会被刺激，血液流动会更快，这样可以提升我们的反应速度和强度。

但在学习方面呢？有机构做过一个实验：同样的测试内容，只是把试题封面更换为红色，被测试者的得分就会降低；轻者降低10%，严重的会降低30%；如果不更换封面，只是在测试题目中出现红色标记，也会引发这类现象。

为什么会出现这类现象？

因为红色会引发人的焦虑，使人产生心理压力。这种状态会影响人的判断，降低被测试者的挑战勇气。

所以，我以前并不是不喜欢红色，而是踩到了红色陷阱。试卷上的红色对错号、笔记本的红色封皮在短时间内对我产生了影响，我通过各种方式缓解了这种影响。而几何老师的红色西服对我产生的影响是无法避开的，导致我错误地认为几何挺难学。

所以，在布置家里的学习环境的时候，我们要尽量减少大面积的红色；选择图书时，我们要避免书中出现以大量红色修饰的内容；做笔记时，我们可以多使用黑色、蓝色、绿色的笔，尽量不使用红色的笔。只需采用一些简单的策略，我们就可以避免红色对学习产生不利的影响。

6.4 高效运用时间

时间对每个人是公平的。为什么学霸和普通人拥有相同的时间，学习的结果却不同？原因主要在二者对时间的利用效率有所不同。学霸更懂得珍惜时间，更懂得高效利用时间。

6.4.1 忙到没时间学怎么办

很多同学说："我平时很忙，各个学科都要学，哪有那么多时间？"或者"我每天回家坐地铁要一个小时呢，到家都晚了，哪有时间学习？"

所谓的"没有时间"，其实是不懂如何高效利用时间。

吉田穗波在 2004 年时从名古屋大学研究所毕业后，在东京银座的妇幼综合诊所任妇产科医师，工作十分忙碌。

她的大女儿在一岁时因肺炎引发气喘，这让吉田穗波在疲于应付的同时，也萌生了"若想改变现状，只能积极提升自己"的想法。

后来，她决定到哈佛大学念书。那个时候，她的大女儿两岁，二女儿只有两个月，她上班的时间是朝九晚五，每天上下班要花 3 个小时在路上，通常下了班、接了小孩，回到家已经 7 点整。

2008 年，她怀揣着继续深造的梦想，用半年的时间完成了申请入学、准备考试等工作，并被成功录取，期间还怀上了第三胎。

同年，她带着 3 个年幼的女儿，与丈夫一起前往波士顿，用两年时间便取得了学位，期间还生下了第四个孩子。

在总结这段经历时，她的第五个孩子也诞生了。任何一项对一般人来说都很艰难的任务，吉田穗波却同时漂亮地进行了。

吉田穗波能实现梦想，除了家人的支持，还依赖于她有效的时间管理方法。她在自己的著作——《就因为没时间，才什么都能办到》中，分享了自己的时间管理经验。下面给大家分享其中一些要点。

（1）越没时间越想做事，把自己的焦躁转化为进步的决心。

（2）别只想着"or"，要学着想"and"，人生太短，不够一件件按顺序做。

（3）放弃完美主义，多件事齐头并进，要有乱成一团的心理准备。

（4）先用整段时间优先处理大问题，再用零碎时间处理小问题。

（5）早睡早起，留出自己不被别人打扰的时间。

（6）学会借助他人的力量，外包思维，用钱来买时间。

（7）别被常识偷走时间，自己生活的规矩是自己定的。

（8）利用碎片化时间，让生活更高效。

（9）别让焦虑浇灭自己的斗志，控制情绪就是节约时间。

《死时谁为你哭泣：以终为始的人生智慧》的作者罗宾·夏玛说："不是因为某件事很难，你才不想做，而是因为你不想做，这件事才变得很难。"这句话正是吉田穗波的座右铭。

> 任何说自己没时间学习的同学，在吉田穗波的经历面前，都不值得一提。别再拿没时间当自己不行动的借口，我们要学会好好利用时间。

6.4.2 如何有效管理时间

很多同学认为，学霸应该是把全部时间都用在学习上了，根本没有生活吧？我的经验告诉我并不是这样，我在清华大学的同学们也都有丰富多彩的生活。

学习好，需要时间的积累，但这并不代表要把自己所有的时间都投入进去。只要管理好自己的时间，学霸每天仍然可以有不少的休闲娱乐时间，可以做很多有趣的事。

有效管理时间的秘诀是，有条理地强制自己关注那些重要的事情，而不是被那些紧急的事情、更简单的事情分散注意力。

但对于那些重要的事情我们很多时候会拖延到以后才去做，例如学习。所以，要管理好时间，我们就要做到以下5点。

1.优先级计划

如果今天要去见朋友，我们通常会安排一个确定的时间跟朋友见面。但如果是我们自己要做什么事情，例如今天要学习，我们就很不习惯去安排自己的日程和计划，而是仿佛下意识地想要避开这些事情。

对此，我们可以把学习看作优先级最高的事情，把学习任务想象成我们预定的一个航班。然后，对所有阻碍我们"赶上航班"的事情说"不"。

2.先做最重要的事

想象一下，对于我们来说，当下最重要的学习任务是什么？我们正在做这项任务吗？如果没有，为什么不做呢？是不是因为"我想先做手头上的事，等这些事做完以后，再做对我来说最重要的事？"

可是，当"手头上的事"做完之后，我们还有多少时间做"最重要"的事情呢？大脑是很活跃的，我们可能想在同一时间做上百件事，但这几乎不可能。怎么办呢？我们不如用更多的时间，做更少、更重要的事情。

3. 学会拒绝

我们都会被"常识"和"惯性"偷走时间，例如，有人找我们帮忙的时候，如果这个忙并不难，我们通常会说"好的"。

这样会显得我们善解人意、乐于助人。当别人邀请我们出去玩的时候，我们通常惯性地接受，这样是给别人面子。但是我们却忘了自己其实还有更重要的事情。那此时，为什么不对他们说"不"呢？

4. 关掉通知

现代科技已经发展到可以利用我们对紧急事情的偏好来增强用户黏性的地步，例如，微信、微博等的通知，都在争先恐后地抢走我们的注意力。

幸运的是，有一个简单的方法解决这个问题：关掉所有通知。等我们有时间的时候，再去集中处理那些事情，这样可以提高我们利用时间的效率。

5. 忽略信息

常识认为，忽略别人是很粗鲁的，是不道德的，但在时间管理上这是相当必要的。

> 总会有些人我们是没空理会的，我们必须允许自己忘记一些人和事，我们可以不回复某人的问题，可以忽略弹出的新闻，可以不理会"@所有人"之后的弹窗。

这个世界不会因为我们忽略掉一些事情而崩溃。这样做，我们就可以完成对我们来说真正重要的事情——我们的学习计划。

07

第 7 章

利用费曼学习法夯实读写基础

阅读和写作不仅是考试考查的重要内容，还是我们工作和生活中必备的一种基础能力。作为重要的知识获取途径，阅读和写作能帮助我们获取一生中 80% 的知识。同时，阅读还是写作的基础，而写作不仅是我们输出观点的方式，还能促进我们思考。

7.1 高效阅读的方法

要学会高效阅读，就要学会选择图书，掌握快速阅读和精细阅读的方法，运用卡片式阅读法强化阅读效果。根据费曼学习法中输出倒逼输入的精髓，写读书笔记是保证读书效果最大化的有效方式。

7.1.1 阅读必选的 3 类图书

大家都知道阅读的好处，但面对海量的图书，如何选择是一个问题。尤其是学习任务重的情况下，我们能用于阅读的时间非常有限。一旦图书选择不当，很容易对学习造成负面影响。

所以，在有限的时间内，选择合适的图书非常重要。

学生时代，能让我们受益颇多的有以下 3 类图书。

1. 教学参考书

教学参考书是和课本配套的教学用书，简称教参书。我们上学用的课本都有对应的教参书。这类书的内容远比课本丰富，它针对课本的每个部分都给出了教学建议，包括教学目标、教材分析、背景知识。

> 阅读教参书相当于把老师请回了家，我们可以从教参书上了解每节课必须掌握哪些内容，难点是什么，以及如何掌握它们。

我上学的时候，学校条件所限，教参书一直是神秘的存在，整个教研室也只有一两本。

当时，我班里有一位同学的姑姑是语文老师。每次寒暑假，我都请他去借下个学期的教参书。通过教参书，我们两个人找出下个学期的重点，提前预习，这让我俩的语文成绩一直在班上排在前五。

现在网购很发达，我们可以直接从网店购买教参书。这样，大家可以根据学习进度进行阅读。

例如，在预习阶段，我们可以通过教参书查阅教学的要点和难点；在复习阶段，我们可以通过教参书站在老师的角度验证自己是否掌握了对应知识。

2. 学科科普书

学科科普书中会介绍每门学科的背景知识和相关故事。这类背景知识不仅可以消除我们在正式学习时的陌生感，降低学习难度，还可以帮助我们加深记忆。

而相关故事可以为枯燥的知识点增加趣味性，让我们喜欢上对应的课程。这类图书需要提前阅读，以帮助我们提前建立对各类学科的正面的第一印象。

我小学的时候，亲戚送了我一套讲中国历史的《上下五千年》。这套书按照时间顺序讲述了很多历史故事，读起来非常有趣。

等到初中开设历史课时，同学都在分辨春秋和战国的先后顺序，我已经能够轻松说出春秋五霸和战国七雄，并给他们讲各种有关的故事，如晋文公的退避三舍。

3. 文学名著

阅读文学名著是提升我们阅读力和写作力的重要方式。文学名著经过了时间检验，是阅读的首选。通过阅读它们，我们可以增长见识和学问，拓展思路，改变思维习惯。

同时，书中优美的文字不仅可以陶冶情操，还可以作为我们写作时模仿的对象。这类书需要长期阅读，慢慢积累，以逐渐提升我们的阅读能力和写作能力。

> 每个时代的文学名著有所不同。我上学时阅读的名著主要有《三国演义》《木偶奇遇记》《朝花夕拾》等。现在，我儿子阅读的名著主要有《呼兰河传》《小王子》等。

以上 3 类图书都是阅读时必选的。其中，教参书需要结合学习进度同步阅读；学科科普书需要提前阅读，才能发挥其最大作用；文学名著需要长期阅读，以逐渐从中受益。

我们在阅读时，需要适当控制难度和阅读量，避免太多的生字、生词影响自己的阅读兴趣。

7.1.2 如何快速阅读

虽然阅读是我们获取知识的有效途径，但阅读需要花费大量时间。由于学习压力大，学习时间紧张，大部分同学往往没有足够的时间阅读。

这时候，我们就需要能够快速阅读。快速阅读不仅要求阅读的速度要快，还要求我们保持一定的阅读质量。所以，我们需要掌握一些技巧，如图 7.1 所示。

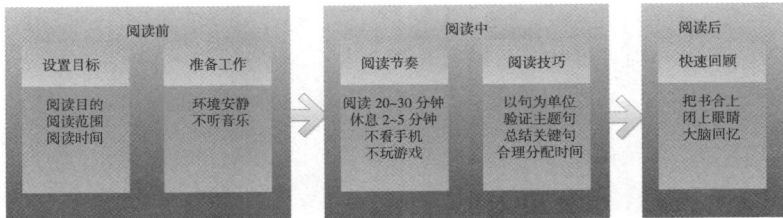

阅读前		阅读中		阅读后
设置目标	准备工作	阅读节奏	阅读技巧	快速回顾
阅读目的 阅读范围 阅读时间	环境安静 不听音乐	阅读 20~30 分钟 休息 2-5 分钟 不看手机 不玩游戏	以句为单位 验证主题句 总结关键句 合理分配时间	把书合上 闭上眼睛 大脑回忆

图 7.1 快速阅读的技巧

1. 设置目标

除了小说、漫画等休闲图书，大部分图书在一开始读起来时都免不了有一些枯燥。为了让自己读下去，我们需要设置清晰的目标。

首先，我们需要确定阅读的目的，即通过这次阅读要了解什么。目标越清晰，我们的内在动机越强烈，阅读效率越高。

其次，有了阅读目的后，我们就可以设定阅读范围，例如阅读哪几个章节，总共看多少页。

最后，根据页数，确定一个预期的阅读时间。

> 设置比我们平时的阅读时间更短的阅读时间，可以督促我们用更快的速度阅读，一旦达成目标，就能给我们带来更大的成就感。

2. 准备工作

确定目标后，我们就可以开始做准备工作。这时候需要找一个安静的环境。

在阅读过程中，安静至关重要。因为阅读时，我们需要在大脑的工作记忆区中进行语义的理解。外界的干扰会挤占本来就很有限的工作记忆区，导致阅读速度下降。

> 读书时不要听歌。因为大脑会自动分辨歌词，消耗我们的精力，哪怕我们没有主动去听，音乐也会干扰我们的阅读节奏。我们在阅读的时候，阅读速度是在不断变化的。跟着音乐节奏阅读，会让我们的阅读速度、阅读质量下降。

3. 阅读节奏

如果阅读时间超过 30 分钟，就需要控制阅读节奏。长时间连续阅读时，大脑容易疲劳，从而影响阅读质量。

没有质量的快速阅读是没有价值的。所以，我们可以使用番茄时钟计时，将每次的连续阅读时间控制在 20~30 分钟，然后休息 2~5 分钟。

在休息期间，我们可以起身简单活动一下，喝一些水，放空一下大脑。但是休息期间不要进行看手机、玩游戏等消耗脑力的活动。

4. 阅读技巧

开始阅读后，我们可以采取各种阅读技巧，以提升阅读速度，同时保证阅读质量。这里分享我个人使用的 4 个技巧。

（1）以句为单位。在汉语中，每个字或词都有多个含义。要想确定其具体的含义，必须将其放到一句话中。所以，不要逐字逐词地读，而要读完一句话后再考虑其对应的意思。如果读完一句话仍然无法理解，就继续往下读。很多时候，语义的理解需要结合前后语句，甚至是前后段落。

（2）验证主题句。通常情况下，每段的前两句会说明这段话的主题。我们在阅读的时候，首先要理解这两句的内容，然后验证后续的内容是否是围绕这个内容展开的。这样不仅可以提高阅读速度，还可以让大脑更为主动地挖掘文字背后的含义。

（3）总结关键句。当阅读完一个段落后，我们需要总结这段话的意思，形成一个关键句。基于关键句，我们可以知道每个段落之间的关系，便于梳理整个内容的脉络。否则，就会出现"看了后面忘了前面"的尴尬局面。

（4）合理分配时间。对于阅读的内容，每个部分的重要性有所不同。我们需要根据内容的重要性合理分配阅读时间。例如，重要内容占 60%~70% 的时间，次要内容占 30%~40% 的时间。通常，一篇文章的开头部分属于次要内容，中、后部分是重要内容，引用图和表格的部分往往也是重要内容。

5. 快速回顾

阅读后，为了提升阅读质量，我们还需要将阅读过的内容快速回顾一遍。把书合上，闭上眼睛，用 3 分钟在大脑中回忆一遍看过的内容。然后打开书，快速翻看一遍阅读过的内容，查找没有回忆起来的内容。

快速阅读是一种能力。在了解了方法后，我们还需要反复练习，才能将方法变成能力，从而实现有质量的快速阅读。

7.1.3 如何精细阅读

很多同学说，我几天就可以看一本书，一个月可以看十几本书。但这么说的同学，往往没有因为阅读速度快而获得什么好处，为什么会这样呢？

这是因为快速阅读只是帮助我们在短时间内了解了表层信息，而书中的精髓、核心事件和关键论点就需要我们精细阅读，逐步掌握。

精细阅读同样有技巧，如图 7.2 所示。

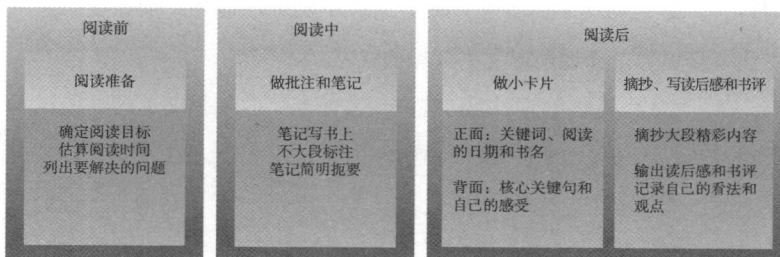

阅读前	阅读中	阅读后	
阅读准备	做批注和笔记	做小卡片	摘抄、写读后感和书评
确定阅读目标 估算阅读时间 列出要解决的问题	笔记写书上 不大段标注 笔记简明扼要	正面：关键词、阅读的日期和书名 背面：核心关键句和自己的感受	摘抄大段精彩内容 输出读后感和书评记录自己的看法和观点

图 7.2　精细阅读的技巧

1. 阅读准备

精细阅读前，我们需要制订阅读计划。

首先，我们需要确定阅读目标，明确要了解的内容和阅读范围。

其次，我们要估算一个阅读时间。

最后，我们要列出精细阅读所要解决的问题。

我们在阅读目录和快速浏览时，可以顺手把感兴趣的问题列出来。这些问题可以是方向性的大问题，也可以是细节性的小问题。在后期阅读过程中，我们将带着问题进行阅读，积极主动地思考。

2. 做批注和笔记

在阅读过程中，如果只是单纯地看，我们很容易陷入"过眼不过脑"的境地。

为了避免这种情况，我们需要做批注和笔记。批注用于对书中内容进行标记，笔记则用于记录当时自己的所思所想，将自己的灵感保存下来。但我们在做批注和笔记的时候，需要注意以下问题。

（1）如果书是自己的，可以直接把笔记写在书上。这样，我们只要写几个词组，就可以表达出对应的意思。如果写到独立的本子上，我们还需要记录该笔记是针对哪本书、哪个位置、哪个观点的。一大堆的文字书写会打断我们的阅读思路。

（2）不要对大段内容进行标注。标注的内容一定要短，可以是一句话，甚至是一个词。否则，在日后温习的时候，我们很难从大段标注的内容找出核心点。如果发现大段的精彩内容，我们可以单独将其抄录到本子上，而不是进行标注。

（3）笔记要简明扼要，不要展开叙述。如果每页都被记录得密密麻麻的，会让自己失去再次阅读的兴趣。

3. 做小卡片

为了更好地理解和掌握内容，在阅读结束时，我们可以做小卡片。小卡片便于携带，有利于随时随地温习。

我的小卡片分为两面。正面记录关键词，并在右上角标记阅读的日期和书名。背面记录发现的核心关键句和自己的感受。

这样，根据阅读时间，我们可以制订温习计划，如在一天后、三天后、一周后、半个月后进行温习。

温习的时候，我们首先要看正面，根据关键词回忆书中讲解的内容和自己的观点，然后再看背面，检验是否有遗漏的内容。

4. 摘抄、写读后感和书评

阅读完成后，我们如果还有大量的时间，可以做更多的阅读配套活动。我推荐的阅读配套活动有以下几种。

（1）摘抄。大段的精彩内容不适合在书中标记时，我们可以将这些内容摘抄到专门的摘录本上。摘抄的时候，我们应该记录内容来源，如书名、页数。同时，我们要保持内容的完整性，不要修改词语和标点符号。

由于摘抄需要花费大量的时间，所以不要在阅读过程中进行。而且，我们阅读后仍然记住的好段落才更有摘抄价值。

（2）写读后感和书评。加深理解的最好方式是输出。阅读图书后，我们可以基于阅读部分进行反思和联想，记录自己的所思所想，从而形成读后感。如果是对于整本书的思考，则可以形成自己的书评。

> 精细阅读相比快速阅读需要花费更多的时间。因为我们不仅需要花更多的时间阅读，还需要做更多的后续工作，例如做小卡片、摘抄、写读后感和书评。这些工作都能引导我们主动思考，尽力掌握书中的精髓和核心内容。

7.1.4 卡片式阅读法

很多同学读书后存在一个困扰：读完书后，脑子里一片空白。

简单的书，大家感觉读得很明白，能学到很多知识，但过上一天，就全忘记了；难的书，大家读得稀里糊涂，觉得什么都没理解到。这就是典型的"过眼不过脑"式的读书。

要想掌握书中的内容，我们首先要把书的内容记住，然后让它在我们的大脑中慢慢发酵，逐步被理解和吸收。

但是，书中的每一页都有几百个字，我们根本没法记住这么多的内容。这就需要我们主动思考，提取关键内容，进行集中理解。

> 这就是大家常说的"把书读薄"。为了"把书读薄"，我们可以使用卡片式阅读法。

卡片式阅读法是将每次阅读的内容提取出来，记录到卡片上，然后不断进行复习和巩固。使用这种方法前，我们需要准备好卡片。

我们可以自己制作卡片，也可以购买现成的。我是直接购买现成的卡片，然后，按照下面的步骤来制作读书卡片的。

1. 制作卡片背面

卡片背面用于记录阅读内容中的要点内容。

首先，对书中做笔记的部分进行整理，如画线的内容。

其次，挑选出重要的内容，如各种观点、主题句。

再次，对其进行精简，保留关键部分，去除一些不重要的修饰部分，如各种条件等。

最后，将其工整地书写在卡片背面。

制作卡片背面的时候，我们不用考虑知识点之间的关系，可以直接按照书中的顺序进行整理。这样，我们就可以把工作重点聚焦在内容提取和总结上。

2. 制作卡片正面

卡片正面用于记录内容的关键词。制作完背面后，我们就已经对阅读内容有了整体的认识。这时候，再提取关键词就很容易了。

提取关键词时，我们需要考虑知识点的先后顺序、包含关系等。这样，我们就形成了这部分内容的一个小的知识体系。

同时，为了便于后期使用，我们可以在正面的右上角写上书名和阅读时间。

3. 巩固方法

制作卡片的过程可以加深我们对知识的记忆，但时间长了我们还是会淡忘。所以，我们需要定期巩固。我们可以在当天晚上、第二天、第四天、第七天、第十四天把卡片内容复习一遍。

复习时，先看一遍卡片正面。根据正面的关键词，回忆对应的要点，尽可能想起来每个关联的内容。

然后，翻到背面，检查刚才回忆的内容是否有遗漏。如果发现有不理解的内容，找出书中对应的章节，重新阅读。

每次巩固的过程，只需要几分钟就可以完成。所以，我们可以充分利用各种碎片化时间进行，例如，等车或上厕所的时间。

> 作为精细阅读的一种方式，卡片式阅读法的核心就是主动思考，多次筛选，提取关键词，反复复习，加深理解。

这样，我们就能把书读"薄"。

7.1.5 快速读书笔记法

考上清华大学后，我发现可支配的时间多了，决定进行大量阅读。开始实施后，我突然发现自己存在很多问题。例如，阅读的时候，我总是走神。一旦合上书，我的大脑空空如也。好不容易有点印象，也是一些细枝末节，感觉像是"捡了芝麻丢了西瓜"。甚至过上几天，我连书看到哪都忘了。

幸好，舍友都是学霸。在他们的建议下，我开始在书上做笔记。经过一段时间，我的阅读效率逐渐提高了。

每次阅读后，我都可以和同学就书中内容侃侃而谈。大家都说我看书简直是"过目不忘"。我把这个方法称作"快速读书笔记法"，具体实施步骤如下。

1. 画出重要内容

阅读的时候，为了避免走神，我们需要动脑、动手。所以，我们首先需要准备一支笔，一边阅读，一边找出书中的重要内容。

一本书的重要内容一般有以下3种。

（1）关键词。每一部分内容都有一些关键词。阅读的时候，我们需要找出这些词，把它们圈起来。例如，在故事中，人物名称、故事发生的地点和时间都是关键词。在议论文中，讨论的观点是关键词。这些关键词可以帮助我们抓住内容的重点。

（2）关键句。一篇文章包含很多段落，通常每个段落中都有概括性的句子。我们可以找出这些概括性的句子，在下面画横线。通常，每段内容的第一句和第二句是关键句。通过这些句子，我们可以梳理出整篇内容的脉络，理解作者的写作思路。

（3）关键段落。每篇文章都有对应的中心思想。为了方便我们理解，大部分作者都会通过关键段落总结出中心思想。阅读一篇文章后，我们需要找出关键段落，并在它们的外侧画竖线。

2. 标出内容层次关系

当内容很多时，我们需要能够分辨其中的层次关系。

通常，作者会通过明确的编号给我们指出来。但受限于格式，小的层次无法清晰表达，这就需要我们自己找出来。

例如，一个段落讲了叠纸飞机的 5 个步骤。为了便于理解，我们可以为每个步骤添加"（1）""（2）""（3）"之类的标记。

如果一段内容提及前面或后面章节的内容，我们可以找到对应的位置，将对应的页码标记在该段内容旁。

3. 写下自己的感想

当我们理解书中的内容后，就会有自己的感想，这时候要抓紧记下来。

我们不需要找专门的笔记本，而是可以直接在书中的空白处将其写下来。这些感想可以是一个词语，也可以是一句话，甚至一段话。

这样，我们就可以和作者形成一种交流。

4. 标记阅读位置

每次阅读后，我们要用明显的符号标记阅读位置。

这种方式比书签更有效。因为书签只能标记大致的范围，并且只能记录某一次的阅读位置。而符号定位更精确，还可以记录我们的阅读进度。

翻看这些标记，我们更容易获得成就感。

这 4 步构成了我的"快速读书笔记法"。它让我在阅读的时候，不仅过眼，还过脑、过手。这样我就更容易真正读懂书。

这个方法很简单，但关键在于养成习惯。所以，我们需要多加练习，将其变成自己下意识的行为，才能感受这种方法的好处。

7.2 高效写作的方法

写作能力不仅是为考试而培养的能力，更是能让我们受用终生的能力。很多人写不出东西，感觉大脑一片空白，通常是因为没有重视输入，没有认真思考。要写出好文章，除了需要写作灵感之外，更重要的是日常写作素材的积累和转化。

7.2.1 如何获得写作灵感

很多人想写作，但不知道写什么，有时一个内容想半天也写不出来。人们往往会将这类问题归咎于没有写作灵感。当人们有了持续写作的行动后，但写的时候没写作灵感，该怎么办呢？

著名作家刘墉曾问他儿子刘轩说："为什么很久没见你写作了？"

刘轩说："因为我没有写作灵感。"

刘墉说："什么叫没有写作灵感？这只是很多人不创作的一种托词而已。"

刘墉的意思是，写作应当像吃饭、睡觉这类事一样，有规律地持续进行。人每天到某个时间点就应当吃饭，而不是等到有饥饿感时才吃；人到某个时间点就应当睡觉，而不是等到有困意时才睡。

> 很多时候，人原本不饿，但到了饭点，做了些菜，发现味道很好，于是有了食欲；很多时候，人原本不困，但到了睡觉的时间，坐在床边看了会儿书，于是有了困意。

写作也是这个道理，写作应当是一种有规律的持续行动。写作与写作灵感之间的关系并非很多人想象的因果关系——因为有了写作灵感，所以才开始写作。而是坚持写作，写作灵感就会越来越多。

关于找到写作灵感，费曼学习法中输出倒逼输入的原理同样适用。这里的输出指的是写作的内容，输入指的是写作的灵感、素材等。因为必须要输出写作内容，所以我们会逼自己去寻找写作灵感。

所谓的写作灵感，可以来自场景、表达、记录3部分，如图7.3所示。

图 7.3 写作灵感来源

获得写作灵感的方法可以分成以下3步。

（1）想象某个场景，这个场景最好是动态的、有剧情的、有画面感的，就像电影一样。

（2）在当前想象的场景中，存在人们的沟通和表达，这时候，人们会说什么？

（3）观察场景，根据需要描述场景或记录人们在场景中说的话，形成文字。

7.2.2 如何发掘写作素材

很多人不知道从哪里获取写作素材，苦于无写作素材可用。其实，写作素材非常广泛，常见的写作素材有两种，分别是一手素材和二手素材。

一手素材指的是来源于自身的写作素材，或者来源于外部，不专属任何人，谁都可以用的写作素材。常见的一手素材的获取途径包括我们自己的人生经历、生活感悟、热点事件等。我们要用好一手素材，掌握一手素材的获取方法，让一手素材发挥最大价值。我们可以根据自身特点从这两种写作素材获取方法中寻找适合自身的方法。

1. 通过人生经历获取素材

每个人都是一个独特的个体，就像世界上没有完全相同的两片叶子，世界上也不会有经历完全相同的两个人。不同的生活经历，正是人与人之间存在差异的主要原因，也是人们愿意了解别人的原因。

2. 通过生活感悟获取素材

人与人之间差异的美妙之处在于，接受相似的信息，却能产生不同的想法。一对同卵双胞胎，年幼时的人生经历可以几乎相同，但对人生经历的加工和感悟可能完全不同。除人生经历外，我们对生活的感悟同样可以成为写作素材。

3. 通过热点事件获取素材

如今这个时代，我们很容易就能获取各类热点事件。每天的"热搜""新闻"铺天盖地，我们想不知道都难。这些热点事件既可以作为我们写作的案例，又可以作为我们产生感悟和思考的对象。

二手素材指的是原本属于别人，但我们可以通过刻意学习、深度思考、加工整理，将其变成自身素材的素材。二手素材的常见来源包括网络内容、他人故事、读书学习等。

1. 通过网络内容获取素材

如果个人经历有限，能够获取的一手素材有限，我们可以从网络内容中寻找灵感，获取写作素材。

网络上有很多视频有比较强的教育意义，既能传播知识，也能引发人们联想和思考。

网络上还有很多平台都适合我们获取写作素材，我用得比较多的是知乎、微信公众号和百度百科。

2. 通过他人故事获取素材

我喜欢与别人聊天，了解别人的人生，这会让我觉得很有感触，引发我产生很多思考。我以前的很多素材都是通过和朋友聊天得到的。

如今我已经养成了一种习惯，当朋友说完一段精彩的故事后，我会征求他意见，是否同意我将其写成自媒体文章发出来。如果朋友同意，我就专门总结发出来。

3. 通过读书学习获取素材

如果有时间，多读书一定是好的。如今出版业如此发达，任何一个领域都有经典书、畅销书。根据关键字搜索，把销量排行前十名的书买回家准不会错。

> 读书要选择自己能读下去的书，一节一节地解读，并加入自己的理解。这不仅是读书学习的好方法，也是获得写作素材的好办法。

7.2.3 如何积累写作素材

从小学三四年级起，我们每个人都要开始写作了。很多人经常干坐半小时，一个字都写不出来，其中的原因除了不懂得如何发掘写作素材外，还有不知道如何积累写作素材。

如果只是发掘写作素材，还不够。我们还要学着将发掘出的写作素材积累下来。比较常用的积累写作素材的方法有以下3种。

1. 记录每天的生活

我们每天的生活看似相同，但实际都有不同之处，我们需要对其进行挖掘和记录。

上小学的时候，每天放学回家，我都会被父母拉着做一些家务。我一边干，还被父母不厌其烦地问学习如何。为了避免被唠叨，我就主动岔开话题，说一些每天在学校或上下学路上遇到的事情。

例如，刘叔家的牛又犯牛脾气，不肯淌水过水沟，害得刘叔牵着它绕了一大圈；班里的大宝错拿他弟弟二宝的作业本交了作业，被老师批评了。我讲得眉飞色舞，父母听得津津有味。

后来，我把每天的所见所闻写成日记。这让我养成了一个习惯，就是主动观察和记录每天的生活，因此，我总能挖掘出一些有趣的东西。

2. 记录家长的聊天内容

我那个年代的学生的生活都是围绕家里和学校进行的，没有互联网，媒体不发达，写作素材来源比较单一，但我发现一个很好的写作素材来源——家长的聊天内容。

每天晚饭后，家长都会聊一些家长里短。这时候，我都会支棱着耳朵听，其中不乏一些有趣的内容，我就会记录下来。

家长里短中的人物不仅有每天一起玩的小伙伴，还有各位叔伯阿姨。虽然很多事情我也知道，但父母的看法和观点让我耳目一新。

例如，大宝因为撒谎被父亲教育了。原本我心里还在为大宝感到愤愤不平，但听到父母提到"骗人容易养成坏习惯"的看法时，我就懂了大宝父亲的用心。

3. 主动和同学分享

上学的时候，课外书和广播是我积累写作素材的重要方式。通过课外书和广播，我拓展了视野，了解了很多日常接触不到或想不到的事情。

那个时候大部分同学也看课外书和听广播，但我发现他们只是凑个热闹，没有将其变成自己的写作素材，这就是典型的只发掘写作素材，却没有记录写作素材。

> 我记录这种写作素材的办法是给他人分享，遇到有意思的事，我一定要告诉身边的朋友。主动分享可以加深我对写作素材的理解和记忆，甚至会转化为亲身实践。

有一次，我看到课外书中讲到一个在盛满水的碗中放馒头的实验。我分享给同学后，他们都不相信。于是，几个人头顶着头，围着一碗水，一点点掰馒头放进去，瞪大眼睛，看着一整个馒头都被放进碗里了，水却没溢出来。

当周，这个实验就变成了我们的作文。由于有细节、有想法，我们的作文都获得了老师的表扬。

其实，我们并不缺少写作素材，我们缺少的是记录和积累写作素材的习惯。

我们每天都会经历很多事情，都要接收大量的信息。这些内容原本都可以成为我们的写作素材。关键在于我们要主动挖掘，找出有趣的内容后，更要主动总结、进行分享、刻意记录、形成积累。

7.2.4 写作素材内化步骤

很多写作素材不是拿来即用的，而是需要内化后再用的，要用好这类写作素材，我们就要掌握这类写作素材的内化步骤。

写作素材的内化步骤如下。

（1）明确某概念的原始定义是什么。

（2）明确这个概念能解决什么问题。

（3）用自己的语言描述这个概念。

（4）围绕这个概念，尝试举出几个例子。

（5）看这个概念和其他概念有什么区别和联系。

（6）看这个概念有什么漏洞，或者有哪些与之相反的概念存在。

我们来举个例子。

特斯拉公司（TESLA）和美国太空探索技术公司（SpaceX）的创始人埃隆·马斯克曾经提出过一个"第一性原理"。

第一步，第一性原理是什么意思？

互联网上对这个原理有这样的解释：打破一切知识的阻隔，回归到事物本源，去思考基础性的问题，在不参照经验的情况下，从本源出发思考事物。

第二步，它有什么用？

在制造特斯拉电动车的时候，成本最高的是电池。研发团队发现电池成本为600美元/千瓦·时。但马斯克运用第一性原理进行思考，把电池分为各种金属元素及其他成分，再对供应链进行优化，最终将电池成本降到80美元/千瓦·时。

第三步，用自己的话解释第一性原理的定义。

比如，第一性原理是指，对一件复杂事物要尽量拆分，将其拆分成更细致的小块，减少他们之间的联系，或优化他们之间的联系，这样可以极大地降低成本。

第四步，能不能举几个关于运用第一性原理的例子？

例如，学习问题经常让我们焦头烂额，这里的第一性原理是什么？即很多人希望自己能考高分，这又是为什么呢？考高分是为了上好大学，上好大学是为了获得好工作，获得好工作是为了有好的生活，那么好的生活都有什么要素呢？好的生活需要我们有好的性格、有专注力、有进取心、热爱生活。

这就是自我教育的第一性原理，也许我们暂时成绩不好，但我们可以培养自己具备这些品质。具备这些品质后，我们不仅能提高学习成绩，而且能受益终身。

第五步，第一性原理和其他思想存在怎样的关联？

这时候我们仔细一琢磨，发现电影《教父》中有句经典台词："在一秒钟内看清一件事的本质的人，和花半辈子也看不清一件事的本质的人，自然会有不一样的命运。"这句台词是不是和第一性原理很像？

第六步，这个原理有漏洞吗？会不会存在相反的说法？第一性原理真的这么有用吗？这个原理对普通人适用吗？对什么事情都必须分析其本质吗？分析事物的本质的过程是否会耗费太多时间？

经过这样一个过程，我们才算真的理解了这个概念。理解后，我们就可以将其用于生活的方方面面了。

每天收集到很多写作素材，来不及处理怎么办？我的方法是准备一本专门记录写作素材的笔记本，当有整块的时间可以用时，就打开笔记本进行整理。

7.3 背诵有妙招

背诵是很多同学的软肋。不少同学很聪明，逻辑思维能力很强，但背课文或背单词很慢。有人说，这是因为逻辑思维能力强的人，死记硬背的能力弱。其实不然，背课文和背单词是有方法的，只要掌握了方法，就可以轻松记住课文和单词。

7.3.1 关键词串联背课文法

对于很多同学来说，背课文是一项很痛苦的任务。不论是一千多字的《荷塘月色》，还是四百多字的《岳阳楼记》，又或是一两百词的《新概念》课文，都可能要花费大家几个小时、甚至几天的时间来背诵。

曾经我也为背诵发愁，记了后面的，忘了前面的；睡前记住了，醒来又忘记了。这种情况一度让我怀疑自己的脑袋是不是有问题。

幸亏班主任发现了我的问题，并教给了我一个好方法——关键词串联记忆，让我能很快背下课文。这个方法包括以下 4 个步骤。

1. 扫除障碍

背诵之前，我们需要扫除各种障碍，如生字、生词、复杂句式。

生字和生词会让我们在阅读时磕磕绊绊，无法集中精力在记忆上。而复杂句式会影响我们断句和理解含义。扫除掉这些障碍，可以节省我们的精力，让记忆更容易。

例如，《荷塘月色》的"田田的叶子"中的"田田"是一个生词，表示荷叶相连。理解了这个词之后，我们才能明白"弥望的是田田的叶子"的意思。否则，只能是死记硬背这句话了。

2. 拆分课文

大段背诵会让我们有心理压力。这时，我们需要拆分课文，将整篇的内容划分为几个部分。我通常是按照段落来拆分的。

例如，《荷塘月色》总共 1300 多个字，10 个段落。我们可以把前面 7 个段落划分为 7 个部分，第八段和第九段很短，就和第十段合并为一个部分。

这样，每个部分只有 100~200 个字，更容易背诵。每背会一部分，就有一部分的成就感。这样，我们就更容易坚持下去。

3. 找出关键词

在老师指出问题之前，我都是逐字逐词的背诵的。这实际是错误的。

背诵的时候，我们应该先找出每个部分的关键词，然后通过这些关键词将其他内容串联起来。这样，我们就能将几百个字的记忆量压缩到十几个字。

例如，《荷塘月色》的第 2 段有 115 个字，我们可以提取 4 个关键词，分别为"小煤屑路""幽僻""许多树""月光"。

4. 拓展关键词

找到关键词后，我们可以将关键词抄写到小卡片上，然后基于关键词进行拓展，把各种修饰词、关联词都补齐。在这个过程中，我们记忆的内容从十几个字扩展到几十个字，甚至上百个字。每个拓展的部分都与关键词有某种联系。

例如，根据"小煤屑路"，从位置、形状拓展出原文"沿着荷塘，是一条曲折的小煤屑路"。这样，背课文就不用死记硬背，而可以进行有线索的推导。

> 大篇幅的课文不适合死记硬背。我们需要将其拆分成几个记忆小任务，减少心理压力，同时提取关键词，然后拓展出内容，将无意义的死记硬背变成有意义的组词造句。这样，我们更容易理解课文的意义，并能降低记忆难度。

7.3.2 深度加工背单词法

我高中时有个同学，他为了背单词，每天花两个小时抄写：一个单词抄 10 遍，一天用完一根笔芯，十几页草稿纸写得满满当当。

结果，一个月下来，除了感动自己，单词还是没记住几个。

为什么呢？

背单词是要讲科学的。记忆的过程是建立大脑神经回路的过程。连续抄写单词的过程中，大脑内发生了什么变化？

第一次抄写，大脑建立单词对应的神经回路，然后反馈"我记下了"。

第二次抄写，大脑检查神经回路，强化一下记忆，然后反馈"这个单词记过了"。

第三次抄写，大脑跳过确认步骤，直接反馈"记过了，不用再费劲了"。

后续抄写再多，也都属于无用功。

接下来，我的这个同学就进入自我感动阶段：看，我抄了这么多遍。实际上，两个小时后，大脑会忘掉 50% 的单词，一天后，大脑会忘掉 70% 的单词。

所以，这种简单、连续、重复的单词抄写，对背单词的作用微乎其微。

> 心理学家克雷克和洛克哈特提出了加工水平理论，即信息加工水平越深，它转入长期记忆的可能性就越大。这里的"加工"包括分析、理解、比较等精细化处理。

背单词真正有效的方法是，对单词进行深度加工，如分析单词、理解单词、比较单词等。这样，我们就能在大脑中建立不同的神经回路。多次、间隔使用单词，也能不断刺激大脑，加深记忆。

具体做法如下。

（1）抄写单词，分析单词的写法，找出特殊之处，建立第一个神经回路。

（2）分析发音规则，朗读单词，根据单词的发音形成关联的语音记忆，建立第二个神经回路。

（3）拆分单词，找出词根，关联同源单词，建立第三个神经回路。

（4）学习词义，记忆单词的多个词义，建立第四个神经回路。

（5）使用单词，看范例，造句子，在大脑中营造情景，形成情景记忆，建立第五个神经回路。

（6）一天后，重复这个过程，强化建立的神经回路。

这样，大脑就能被充分激发，为单词建立一堆神经回路。这不仅可以帮助我们记住单词，还能帮助我们掌握单词如何读、如何写、如何用。

08

第 8 章
利用费曼学习法提高考试成绩

考试是对学习的检验。不少同学平时学习很努力，多数题都会做，但考试成绩经常不理想。这很可能是因为没有掌握正确应对考试的方法。掌握正确应对考试的方法，不是为了投机取巧，而是为了最大限度地发挥个人的真实水平。

8.1 有效做题的方法

考试的过程是解题的过程，平时的做题练习可以为考试得高分打下基础。单纯的题海战术并不一定能保证考试得高分。做题也有技巧，掌握做题的技巧，是考试得高分的有力保障。

8.1.1 科学做题的技巧

做题不仅可以巩固知识点，还能把知识记忆转化为经验记忆，让记忆更牢固。

尤其是高三，大家都争分夺秒，在时间相同的情况下，效率就尤为重要，下面给出了 4 个做题的小技巧。

1. 重复式练习

避免一个知识点只巩固一次，避免只做新题。正确的做题方法是重复做。当天练习过的题目，应在第二天、下一周、半个月后、一个月后分别巩固一次。这样有助于我们把短期记忆转换为长期记忆。

2. 统一看答案

避免做完一道题对一次答案。这样做题的效率很低，而且容易形成心理依赖。我们做题的时候要按照考试的习惯，做完一套题之后，再统一看答案。

3. 多样化练习

避免只练习单一的题型。正确做法是从题海中选择同一知识点的不同题型，例如单选题、多选题、填空题、解答题、证明题等。题型不同，难度往往不同。打乱顺序，交替做题，有助于我们全方位掌握知识点。

4. 穿插知识点

避免针对单一知识点连续做题，否则在一段时间内我们练习的知识面太窄，对时间的利用也不充分。做题时应该穿插做包含不同知识点的题。这种做题方式可以加强我们对不同知识点的理解，有助于形成长期记忆。

5. 找最优难度

把有限的做题时间给那些难度在最优难度区间的题。教学理论家维果斯基提出过最近发展区（Zone of Proximal Development）的概念，即学生的现有水平和学生通过教学之后可能的水平之间的区域。我们在做题时也要找到自己的最近发展区，在难度合理的题目上发力，不要浪费时间在怎么也解不出来的难题和太过简单的题目上，这样我们才能够快速地提升自己的水平。

8.1.2 指读法

很多同学公式、原理都懂，就是做不出来题。读题的时候，过眼不过脑，总是丢三落四，遗漏重要已知条件，这就是典型的读题能力差。

要高效率解题，我们在阅读题干时，可以采用指读法，即在阅读的时候，指尖在阅读的文字下方划过，强迫大脑集中精神。

1. 提升注意力

人类对肢体有天然的高关注度。平时，我们都习惯使用手来引导视觉焦点，高铁和地铁的司机为了保持高度注意力时，也会使用"手指口呼"的作业方式，做到手到、眼到、口到、心到。

> 十指连心，指尖是我们身体上对触觉非常敏感的部位。指尖在文字下方滑动，可以帮助我们增强注意力。如果周边环境比较嘈杂，或者自己心神不宁，可以使用这种方式。

尤其是在考场上，当我们发现自己考试紧张、难以集中精力读题的时候，可以使用这种方法，让自己快速集中注意力。

2. 准确定位

手指可以让定位更准确，可以随时停留在某个词语上，还可以倒退。而目光就比较飘忽，很难做到这一点。

所以，指读法非常适合阅读有一定难度的内容，尤其是大题的题干。即使现在，我审书稿的时候，遇到复杂的内容，还是会不自觉地使用这种方法。

3. 代替物的误区

如果还没有养成指读的习惯，不建议用笔代替手指，原因如下。

（1）笔是肢体的外延，人对其的关注度不够。

（2）笔控制得再灵活，也无法做到像手指一样有本能反应，会额外增加大脑的定位负担。

（3）笔会削弱手指的触觉感受。

所以，在阅读题干这类重要内容的时候，使用指读法的阅读效率很高。尤其是在考试紧张或题干比较长，内容比较难的时候，尤其推荐使用这种方法。只有读清题干，不遗漏重要条件，才能快速解题。

8.1.3 计时做题法

高中时，很多同学都羡慕我，说我考试时做题的效率很高：120 分钟的卷子，我总是能 60 分钟做完。

除了对知识点的掌握比较深刻，做过的题目比较多，熟悉各类题目以外，我平时做题时还有个小技巧，就是设置倒计时。

我会在每次做题前，看一眼手表，给自己定下完成的时间。

例如，9:30 开始，那我一定要在 10:00 前完成，这个动作虽小，但里面的学问很大。

1. 形成适当的压力

设置完成时间会给自己带来适当的紧张感。从脑科学的角度来说，这种紧张感可以刺激大脑的神经元，促使神经元保持在兴奋状态。在这种模式下，学习能力会显著提升，记忆效果会更好。

2. 更有主动性

自己设定目标，自己来完成，这就把被动做题变成了主动做题，发挥了主观能动性。在这种状态下，我们学习起来更有热情。充满热情则可以充分发挥大脑的潜力，使学习效率更高。

3. 杜绝拖延

有些同学在做题时会出现拖延的情况。

当我们设置好完成时间，就有了紧迫感，就会抓紧开始做。只要做了几分钟，大脑被激活了，我们就会进入行动兴奋状态，开始有干劲。这样就避免了做题拖延症的出现。

4. 获取成就感

学习需要有一些外在动机。例如，海狮在表演时，驯兽员会不断给海狮一些小鱼作为奖励。小鱼就是海狮学习的外在动机。我们同样需要一些外在动机来支撑我们学习，而成就感就是最好的外在动机。

> 我们每次做题时，设定完成时间并按时完成后，就会获得成就感。如果比别人更快完成，还不出错，我们会获得更多的成就感。成就感越多，学习动力也越强。

5. 提前适应考试

计时做题是考试的常态。经常用这种方式，可以使我们习惯这种状态，从而可以把作业当考试，把考试当作业，遇到大型考试时，心态很容易放平。

这个方法非常有用，尤其是现在的考试题量越来越大，如果没有这种设定时间的刻意练习，很多同学连试卷都做不完，更别提考高分了。

8.2 考场情况应对

在考场上，我们难免会遇到各种各样的情况。我们要锻炼自己面对考试的心态和应对考试突发状况的能力，在考试前、考试中和考试后，如果出现紧张的状态，如果总是粗心大意，如果没有掌握考试技巧，我们应当培养相应的应对能力。

8.2.1 为什么要有考试

上学的时候，每个同学对考试的感受不同。有人不希望得到低分，害怕考试；有人觉得考试没用，厌恶考试；有人希望通过考试得到认可，喜欢考试。

以积极的态度面对考试的同学，往往考试成绩更好。因为只有积极面对一件事的时候，我们才能做好它。

要积极面对考试，我们首先要了解为什么要有考试。

1. 考试是一种巩固手段

我高中毕业已经快 30 年了，在元素周期表中，我记忆最深刻的元素是铁。我对它的记忆如此牢固，是因为一场考试。

那是一场期中化学考试，依稀记得结尾的大题要求计算氧化铁还原为铁的质量。我有了解题思路，但是我把铁原子的相对原子质量忘记了。

那可是一道 20 分的大题。如果没有具体的结果，按照化学老师的一贯口号"没结果就是没做完"，估计最多只能得 5 分。

我抓耳挠腮地回忆做过的题目，前后翻试卷找线索。一抬头，10 分钟过去了；再抬头，20 分钟过去了。

时间如流水一样，刷刷地过去。监考老师的提醒声响起来，离交卷还有 5 分钟了。突然，56 像一根救命稻草浮现在我的脑海中。天哪，终于想起来了。

就这样，铁原子的相对原子质量为 56，质子数为 26，中子数为 30，一直记到现在。所以，要想记得牢，考试是很好的方式。

> 大到期中考试、期末考试，小到平时的随堂考试，随时通过考试来检验自己，会让大脑处于紧张状态。这种有限度的紧张感可以让我们的大脑更活跃，记忆更持久，学习效率更高。

很多老师为了强化学习效果，会在上课结束前进行 5 分钟的小测验。虽然只有 5 分钟，但效果常常堪比自己复习一个小时。

2. 考试是自我检验的方式

人通常很难正确地认识自己。

作为学生，我们总有这样的感觉：课认真上了，作业认真写了，就应该学会了；复习起来，感觉自己都懂，但实际考试时，往往只能得七八十分。

这种自我高估是常态。此时，我们就需要一种方式来纠偏。而考试，正是这样一种系统、客观的评估方式。

小的测验和考试由任课老师出题，能帮助我们检验一天或几天内的学习效果。而中考、高考这类重要考试由更为专业的老师和专家出题。这类考试更具有系统性，可以考察我们几年内的学习效果。如果我们想正确评估自己的学习效果，就要多做这种类型的往年真题。

3. 考试是自我提升的途径

好学校汇聚了更多优秀的老师和有趣的同学。

例如，在清华大学，我可以现场聆听院士的授课，可以与各省的学霸成为同学。和这些优秀的人待在一起，我可以更快地提升自己。

现在网络非常方便，我们可以通过网络观看国内外优秀老师的教学视频，也能通过网络结交各种朋友。但这种线上感受和线下直接接触的差别还是非常大的。

对于普通人而言，要进入更好的学校，考试是唯一的方式。所以，考试也是自我提升的途径。

4. 考试成绩是学习的外在动机

我们需要经过十几年的学习，成为一个有知识、有能力的人，然后步入社会。这是我们的长期目标。

为了能够有足够的动力坚持下去，我们还需要许多短期目标。否则，长期目标久久无法实现，很容易使我们产生挫败感。

> 考试就可以作为学习的短期目标，取得好成绩就是对应的外在动机。即使不取得非常优秀的成绩，只是通过考试，也会带给我们成就感。

缺少成就感，会让我们逐步丧失学习能力。

考试并不是洪水猛兽。只要我们正确认识考试，它就可以是我们学习的助力、自我认知的方式、自我提升的途径，帮助我们更好地学习。

8.2.2 如何应对考试紧张

当年，高考前两天，我住在同学的亲戚家。我很担心万一考试的时候，把公式都忘光了怎么办？

万幸的是，同学的亲戚家的电视可以播放录像带。当时我深深地被电影《六指琴魔》吸引了，翻来覆去看了好多遍，居然把高考放到了一边，真正放松了两天。

在进入考场前，我试图回忆要点，发现大脑一片空白。但一拿到试卷，我一下子仿佛"智商回归"，答题如削瓜切菜。

考前紧张是正常状态。适当的紧张可以让大脑处于兴奋状态，使记忆更牢固，学习效率更高，但过分紧张会起反作用。

> 过分紧张时，心脏会优先给躯干、内脏供应血液，减少大脑的供血量。

供血不足，会导致大脑迟钝。所以越紧张，越想不起来东西，越容易做错题。因此，考前尽量避免过分紧张，一旦出现这种情况，就应该及时采取策略。应对紧张的策略如下。

1. 考前几天

考前几天紧张，可以先进行简单调整，看看课本，降低学习强度。如果还是紧张，就转移注意力，出去跑跑步，看个电影，通过周围环境的改变来放松自己的心情。

2. 临考前

很多同学会在临考前突然紧张，轻则沉默不语，重则直打哆嗦。这时候，我们需要主动释放紧张的情绪，可以拿出一张纸，把现在的紧张情绪写出来。

注意，必须写当前紧张的情绪，写其他的没用。写完后，把写着紧张情绪的纸揉成一团扔掉，然后给自己一个心理暗示：把紧张情绪写下来了，扔掉了，就是把它释放出来了，心情慢慢就平复了。

3. 考试中

考试的时间有限，如果因为考试时间不足而产生紧张情绪，同样容易引发大脑空白。这时候，我们可以转移注意力。

转移注意力的方法有很多，一种是尝试找到平时做题的感觉。如果还是紧张，可以用腹部呼吸法。闭上眼睛，用鼻子持续吸气，感受腹部鼓起；然后，用嘴慢慢呼气，感受腹部凹下。一次呼吸大约持续15秒钟。这样呼吸几次之后，自然就不紧张了。

4. 考试后

考试后，担心自己做得不对，怕成绩不好，也会导致紧张，影响后续的考试。这时候，我们要抓紧时间离开考场，避免环境带来的影响。然后，要注意不对答案，不讨论试题的解法，专心准备后续的考试。

这里有两个常见的误区。

1. 压制紧张情绪

很多同学紧张后，自己会在心里默念"不能紧张"，父母会在旁边劝导"不用紧张"，想压制紧张情绪，结果是越来越紧张。

因为反复提 "紧张"这个词会产生心理暗示，导致紧张情绪加重。正确的做法是转移注意力或释放紧张情绪。

2. 打破生活节奏

考前为了放松，有的同学选择早睡晚起，积蓄精力。这种做法也不可取。考前的起居习惯不要轻易调整，因为生物钟打乱之后，可能会造成身体不适应，反而有可能更疲劳。

> 正确的做法是保持原有的起居习惯，降低学习强度。只要保证大脑在考试时处于兴奋状态，就可以了。

8.2.3 如何应对考试粗心

每次考试完，很多人都喜欢说一句话——"粗心了"。这句话可以用来解释任何考试错误，毕竟谁都可能粗心，总不能因为这个就被责罚。

粗心了能怎么办呢？只能下次小心呗，这样又能省去各种事后的分析和纠正。所以，"粗心了"是偷懒和逃避处罚的最好借口，也一度成为我的口头禅。

但有一次老师让我将几次考试的错题都整理到错题本上之后，我突然发现"粗心"竟然没有那么简单。

所谓的"粗心"，其实有很多种情况。

1. 一看就会

对于在考场上花了很长时间都没有做出来的一些题目，在看到答案后，我们会恍然大悟："哦，原来是这样啊，粗心了。"

这其实不是粗心了，这只能证明我们对知识点的理解不够深，对知识点的掌握不够牢。如果只是"下次注意"，那下次遇到时还是做不出来。

对于这种类型的问题，我会首先将错题记录到错题本上，然后查阅课本和笔记，重新理解知识点。

最后，我会再找一个类似的题目做一遍，后面还会定期翻阅错题本以加深印象。

2. 审题不清

有时候，为了赶时间，题目还没读完，我就开始答题。结果是，题目让求周长，我求的却是面积。有时候，我一看是熟悉的题目，就兴奋起来，却没有发现出题人挖的"陷阱"，事后又拿"粗心了"来应付。这实际是我审题不清。

对于这种类型的问题，我会将题目抄到错题本上，将审题时忽略的部分标记上，以提醒自己。同时，我通过养成用指读法逐句读题的习惯，避免遗漏，尤其要避免在熟悉的题目中出问题。

3. 紧张

在考场上，大家都很容易紧张，尤其是发生一些意料之外的事情时。

例如，铅笔突然断芯了，削完后，再做题的时候，思路很难接上，题目就很容易做错。如果我们只是把这归咎于"粗心了"，那下次遇到类似的情况，还是会出错。

> 为此，我养成了一个习惯，考试都会提前准备好备用笔。做完当前题目后，我才削铅笔。如果受到的干扰很大，我会从头理一遍思路。

这个技巧我在考试时就用到了。一场考试中，大家正在低头答题。"砰"的一声，监考老师兜里的打火机炸了。当时，大家都被吓到了。我试着做了几次深呼吸，然后从头开始读正在做的题目，并顺着写了一半的解题过程理了一遍思路，这样就重新进入答题的状态了。

4. 各种笔误

在考场上，我们会出现各种笔误。例如，我们把姓名、学号填错位置了或者没有按照要求将答案写到对应的答题区等。

这类错误属于真正的"粗心了"。对于这类错误，我就通过养成各种习惯来避免。

（1）卷子发下来后，第一件事就是写名字和学号，避免交卷时慌张，填错信息。

（2）注意听监考老师强调的事项，尤其是各种特殊的答题要求。

（3）对于答题卡涂色，我采用5道题目涂一次色的方法，避免试卷、答题卡来回切换，导致填错位置。如果有跳过的题目，我就在试卷上做上明显的标记。

在考场上出错的原因有很多，千万别用"粗心了"搪塞，因为这是在欺骗自己。我们只有仔细分析每道题出错的原因，解决了问题，才能不影响后续的学习和考试。

8.2.4 临场考试高分秘籍

考试要拿高分，不仅要看平时的学习情况，还要看临场发挥。和学习方法不同，有一些考试技巧能帮我们在原有水平下，拿到高分。这些考试技巧尤其适合那些处于中等水平的学生。

（1）确保会做的题目能 100% 拿分。对于填空题、选择题，在有思路、知道怎么做的情况下，要反复斟酌，一个都不要错。

（2）不要把希望寄托在答完题后的整体检查上，尽可能一次就把题目做对。很多同学前面写得匆匆忙忙，不认真，寄希望于通过全部题目答完后的检查发现错误。以前我也是这样，后来发现这根本不现实。正确的做法是，做完一道题目以后，立刻回头检查，确保没有漏洞。这时，题目的信息还留在大脑中，检查起来更迅速、更高效。

（3）经常回忆，自己都犯过哪些计算错误。例如，$0.1 \times 0.1=0.1$、$17+28=35$，这些看似是小错误，其实是大问题，太多人反复在这类问题上出错。

（4）尽量用"偷懒"的方法做题，例如，用特殊值法、排除法等快速找到选择题的答案。

> 这是考试技巧，不是学习技巧。如果通过考试发现自己没有掌握某方面的知识，我们应当在考试结束后回过头去复习掌握。

（5）注意单位。很多题目里面有小花招，例如，题目前面说的单位都是小时，最后问题里的单位是分钟。

（6）作文部分的字迹要工整。如果字写得不好，至少大小要一样。格子不用写满，留几行完全可以，写太满反而没有格式美感。

（7）写作文的时候，如果发现时间不够用了，可以采用两种方法。第一，多分段，可以独句成段；第二，哪怕内容没写完，也要抓紧结尾，一定不能没有结尾。

（8）上考场前，在大脑中过一遍常见的扣分的地方，这样做可以帮助我们胸有成竹地应对考试。

（9）不要和最后一道大题死磕，通常最后一道大题的第一问会比较简单，得分即可，后面较难的部分如果完全没有思路，就别纠缠，直接放弃，把时间用在能得分的地方。

（10）数学大题不会做，但知道考的是哪个知识点，可以把公式写上去，也可以尝试照着公式解一个答案出来。这样说不定能多拿几分。

8.3 各学科学习考试方法

除了应对各类考场的状况外，对于不同的学科，还有一些针对性的学习和考试方法。例如，做文科选择题的反推法等。当然，不同学科的学习和考试方法还有很多，本书主要介绍以下 6 种非常典型的方法。

8.3.1 使用反推法做文科选择题

文科选择题有一个共同特征：题干长，题肢短。

一般而言，做文科选择题的常规方法是用排除法，即先阅读一遍题干，然后根据理解排除明显错误的选项。

> 遇到高难度的选择题时，排除法就很难起作用了。那有没有更好的办法来解决这类问题呢？有，反推法。这种方法可以解决 90% 的高难度文科选择题，从而让我们的成绩提升一个层次。

什么是反推法呢？

简单来说，反推法就是从题肢反推题干，从而推导出正确答案的一种方法。具体来说，就是从 4 个选项出发，一个一个去倒推题干，如果这个选项与题干的意思最相符，那答案通常就是这个选项。

举个高考真题的例子。

（2019 年）登滕王阁，看"落霞与孤鹜齐飞，秋水共长天一色"；游西湖，感受"水光潋滟晴方好，山色空蒙雨亦奇"。纵情山水之间，品味诗词之美，"跟着诗词去旅行"成为人们出游新选择。对此认识正确的是：

A. 游历大好河山，感受诗词魅力，有助于深化文化体验

B. 以文塑旅，以旅彰文，传承诗词文化重在发掘其经济价值

C. 文化旅游的发展取决于人们的文化修养

D. 文化与旅游相结合是文化创新的根本途径

解题步骤如下。

（1）用排除法，排除观点错误的，C 和 D 观点错误。

（2）A 和 B 是具有高度迷惑性的选项，答案就在这两个选项中。

（3）用反推法，从题肢来倒推答案。根据题干和题肢相匹配的命题原理，我们先假设 B 是对的，那题干中就一定要体现经济价值。那题干中到底有没有说发掘经济价值呢？

（4）显然，题干根本没有说到文化的经济价值（文化的经济价值

指的是文化拉动了经济增长）。题干只说到了文化旅游带来的体验感受，与经济价值完全无关。所以，B 选项与题干不匹配，不能入选，正确答案为 A 选项。

本质上，反推法其实是逆向思维的运用。它不同于普通的从题干到题肢的解题方法，而是从题肢到题干，进行反向推导。

使用反推法可以节省大量的考试时间。题肢短小，只需要花费少量的时间，就可以找出关键词。这比从题干中找关键词更容易，也更省时间。

8.3.2 学数学也要有阅读能力

我曾经和一个理科学霸——李四讨论过要如何学好数学。李四的高考数学分数是 148 分，当年的满分是 150 分。

他给我出了一道难题："学不好数学的人，最缺的是什么？"

我回答："是大量的练习吗？"

他回答："不是！缺的是数学阅读能力！"

1. 什么是数学阅读能力

数学阅读能力主要体现为对概念的掌握。他以三角正弦 sin 为例子，把概念学习分成了以下 3 个阶段。

（1）认识阶段：见过 sin，但是不知道其具体含义。

（2）理解阶段：可以准确说出 sin 的具体含义，即在直角三角形中，∠A（非直角）的对边与斜边的比叫作∠A 的正弦，记作 sinA。

（3）应用阶段：不仅知道它的含义，还可以用它来解题。

2. 为什么从概念入手

因为数学跟语文不一样。数学是通过各种抽象概念建立了一个世界，而概念规定了这个世界的边界和规则。

只有理解这些概念，我们才能对这个世界有正确的认知，才能做到"到哪个山头唱哪支歌"。如果缺乏理解，大脑会一片混乱，看着圆形，却想着偶数和奇数的概念。

3. 如何通过概念提高数学阅读能力

通过概念提高自己的数学阅读能力可以从以下3个方面入手。

（1）看懂题。看懂题目中的数学符号、图形是什么意思，这样我们就可以对题目有一个简单的归纳和总结。

（2）会转化。数学题目中往往包含着文字语言、图形语言、数学符号。在看懂题目的基础上，我们要学会将这些语言转化成自己的想法，找到解题的思路。

（3）找重点。题目中包含的重要信息，就是解题的钥匙。要准确找出它们，我们不仅需要对概念进行充分学习，还需要学习各种解题技巧并进行大量练习。

如果我们努力学数学，却得不到想要的结果，不妨先从概念入手，提高自己的数学阅读能力。因为只有读懂题，理解题，我们才能熟练应用各种解题技巧。

8.3.3 答英语听力题的技巧

英语听力恐怕是英语学习中最难的部分。大部分同学缺少相应的语言环境，导致平时对于英语口语和英语听力的练习不够。

我当年参加高考时，英语还没有成为正式的考查项目，所以大家对英语听力重视不够。上了大学，我才开始正式练习英语听力。

那时，我每天都花几个小时听各种英语资料，如英文歌曲、英文广播。当我信心满满地参加模拟测试时，却发现题目还没有听明白，音频就结束了。

幸亏同宿舍的学霸传授了我一些答题技巧，一个月后参加正式听力考试时，我顺利过关了。英语听力题的答题技巧如图 8.1 所示。

图 8.1 答英语听力题的技巧

1. 预设结构

英语听力考试的内容比较固定，通常都是对话、记叙文或讲话稿。不论形式怎么变，其结构基本是固定的。

英语听力的内容通常由人物（Who）、时间（When）、地点（Where）、事件（What）、方式（How）构成。串联起来就是，什么人在什么时间、什么地点、做了什么事情、实现方式是什么。

> 在开始考试之前，我们就需要在大脑中预设这个结构。这样，我们在听音频和做题时，就可以下意识地去分辨相关的内容。

如果我们是在播放听力音频的过程中才对信息进行分类，就容易手忙脚乱。

2. 预测内容

面对未知的听力内容，我们很容易紧张。为了消除这种紧张，我们可以在听力音频开始播放之前，阅读题干和选项。通过阅读这些内容，我们可以了解听力内容是关于哪些方面的，并按照预设结构进行归类。

例如，我们可以找到题干和选项都出现了哪些人物、地点、事件，这可以帮助我们确定听力内容的范围，明确听音频时的关注点，从而消除紧张。同时，这还可以帮助我们更快地进入预热状态。

3. 找关键内容

大部分听力内容都有一个固定的表述规则，即首句或首段说明主题或交代背景。在这个部分，我们可以找到大量的关键信息，如人物、时间、地点、事件梗概。

只要把这部分内容理解了，我们的大脑会自动结合这些关键信息，分辨后续听到的信息，使理解变得更容易。

> 在开始播放音频前一分钟，我们应该停止翻阅试卷，开始平复心情，集中精力准备听音频。

4. 杜绝犹豫

大部分听力考试中的音频都会播放两遍。但对于很多同学而言，用这个时间作答有一些紧张。所以，作答的时候一定要果断。能够明确答案的，就不要犹豫。如果不能明确，可以先把明显错误的答案划掉，便于后续筛选。千万不能因为一个题目卡住而影响后续题目的作答。

凡事预则立，不预则废。针对听力考试，有目的性地预测结构和内容、在重要位置找到关键内容，可以降低我们作答的难度。

同时，快速做出判断，跟上音频播放进度，可以避免因小失大。

利用这4个技巧，我们就可以充分发挥自己的正常水平，取得好成绩。

8.3.4 英语阅读能力提升

英语阅读曾经一直是我的弱项。

有人说："要做好英语阅读，首先需要背英语单词。"听到这种话之后，我就开始疯狂地背单词。但我发现，我背得越多，忘得也越多。

有人说："语法理解了，才能读懂内容。"我就去补充语法知识，但提升效果还是不明显。

实在憋不住了，我就去问老师："到底如何才能提升英语阅读能力？"

老师想了想，给了我一本中英文对照的小册子，说："你就按照这样的方法，试试英译中吧。"

（1）快速读一篇文章，把生词画出来。如果100个单词中有5个以上的生词，就需要先查明它们的词义。

（2）对文章进行仔细阅读，将文章通篇翻译为中文。

（3）将自己翻译的中文和范文进行对照，将不同之处画出来。

（4）结合英文原文，找出出现不同之处的原因，弄清楚是对单词的意思理解有偏差，还是语法理解有误。

按照这个方法，我用了一个月的时间，将小册子上的一百篇文章全部翻译了一遍，英语阅读能力果然显著提升。

> 面对英语考试中的阅读题，我能做到90%以上的正确率。英语阅读能力提升后，我才发现，英语阅读是单词、语法在一个特定语境中的综合应用。

这种方法为什么这么神奇呢？

1. 在环境中记单词

我以前记单词都是死记硬背。虽然很多单词都提供简单的例句，但都是没头没尾的一句话，没有具体的场景，而一篇文章往往讲述了一个故事，有完整的情节，能让我们对单词的记忆更深刻。

例如，《新概念英语》第二册的第七课中有一段话："When the plane arrived,some of the detectives were waiting inside the main building while others were waiting on the airfield."其中的 detectives（侦探）一下就让我的脑海里浮现出穿着黑西服、一脸漠然的大汉形象。而例句"A private detective had been tailing them for several weeks"就没有任何情节，显得干巴巴的。

2. 通过对比学习语法

中文和英语既具有很多相似点，也具有很多不同点。基于中文的基础，我们可以进行对比性的学习，这有助于我们掌握英语的语法。

例如，在中文中，主语是名词和代词，这在英语中同样适用，所以英语中的动词必须转化为动名词才能作为主语使用。

我们还可以通过对比，明确中英文的不同点。例如，中文必须使用数词才能表示多个，而英语可以直接用名词的复数形式表示多个。

掌握了中文和英语的不同点，可以使我们避免一些常见的错误。

3. 主动性学习

以前英语阅读都是老师在上面讲，我在下面听。在整个过程中，我的思维都是跟着老师走的，是在被动地学习。当时听明白了，理解了，但很容易就忘记了。

现在用了这种方法，我都是主动学习，主动找生词，结合上下文推敲意思；主动分辨语法结构，理解句子之间的关系。同时，这样的学习过程也更有趣一些。

> 这种方法非常适合不具备英语交流环境的同学。它可以帮助我们加强对单词的记忆和理解，帮助我们理解语法的使用技巧，让我们的英语学习过程更主动、更有趣。

8.3.5 化学更像是文科

化学被称为"隐藏在理科中的文科"，因为化学中有一大堆知识要记，如臭鸡蛋气味、溶液颜色、酸碱性等。

高中时，我的化学成绩从来没低于 130 分（满分 150），我是如何做到的呢？

1. 把化学当成语文

开始学习化学的时候，我发现大部分化学知识点都是零散的。

例如，铁离子是三价的，对应的溶液是黄色的。这类知识点看起来没有任何关联。比较好的记忆办法是将这些知识像记语文的古诗词那样记下来。我的方法是制作小卡片，将学到的各种知识按照各个类型记下来。

例如，将与铁元素相关的各种知识都抄下来：纯铁是白色的，铁粉是黑色的，铁粉在纯氧中会剧烈燃烧等。每次课前我都会把课上涉及的内容复习一遍，课后再重新整理一下小卡片，增加对应的新内容。

2. 绘制知识网

当学习化学的时间长了之后，我就开始发现各种规律了。

例如，氦、氖、氩、氪、氙都是惰性气体，具有相同的化学性质；氟、氯和硫、氮能形成两类不同的酸的分子形式。

我们可以将这些知识点串联起来绘制知识网。每次课后，我们都可以将学到的新知识点添加到知识网中，每周都重新绘制一遍知识网。

3. 练习真题

由于化学内容繁杂，可以延伸的角度很多。有的辅导资料会出很多偏、怪、难的题目，如果花大量时间在这些题目上，可能于考试也无用，只能白白浪费精力。

所以，练习时要以真题为主。只要把近几年的真题研究明白了，我们就能考出高分。

4. 错题本很重要

化学的知识点零碎，很容易漏记、错记。如果错记了，往往需要花大量的时间来纠正。

当初，我把二价铁离子溶液和三价铁离子溶液的颜色记混后，花了整整一个月的时间才纠正过来。所以，我们要给化学准备一个很厚的错题本，将每次出错的题目、错误的答案和错误的原因都记录下来。每周至少翻看一次，及时纠正。另外，我们还要定期总结常见的错误类型，如错记酸碱性。一旦发现，就需要集中强化练习。只要抓住化学的特点，多记忆、多画图、多做题、多总结，我们就可以高效学好化学。

8.3.6　用思维工具学习数学和物理

数学和物理是很多同学觉得非常困难的两门学科，尤其是在中小学的启蒙阶段，因为很多现象非常抽象，很多时候都需要同学们充分地调动想象力和创造力才能够真正掌握数学和物理知识。

还有在课堂教学的过程中，老师很容易过于重视知识本身的传授，而忽略在知识获取的过程中给学生运用和迁移的机会，导致形成费曼所说的"脆弱不堪"的知识。

科学思维的培养不是一蹴而就的，我们要通过各种方法不断地启发深度思考，才能够形成自己的思维工具。

1. 用具体的事物来理解数学知识

费曼在《你干吗在乎别人怎么想》中记录了他的父亲是如何通过生动形象的语言来形容一只恐龙的。"恐龙的身高有 25 英尺（7.62 米），头有 6 英尺（约 1.83 米）。"这就相当于恐龙站在院子里时，它几乎够得着二楼的窗户，但是它的头却进不来，因为它的头比窗户宽。

我们在学习一些数学知识时，总是只把那些数字符号停留在书本上，很难对真实事物有具体的认识，这些知识对我们来说就会失去实际意义。

在日常生活里，我们可以抓住一些机会，训练自己对数学知识的理解，例如超市买菜结账时、用水杯装水时、甚至是下课排队时都可以用到数学知识。

2. 留心观察生活中的物理现象

我们在课堂上会学习到很多物理概念和定理，这些抽象的概念和定理其实都能够在我们的生活中得到印证。

费曼的父亲从小就开始培养他留心观察生活中的现象，并且启发他对这些现象产生的原因进行思考。

有一次，费曼在玩马车玩具，马车玩具的车斗里有一个小球。他注意到，当他拉动马车玩具时，小球会向后滚动，当他把马车玩具停住的时候，小球又会向前滚动。

他去问他的父亲这是什么原理，他父亲让他在旁边重新观察，在马车玩具开始运动时，小球相对于地面往前了一点，这是因为"惯性"的存在，静止的物体总趋于保持静止。

生活中其实处处都能观察到惯性的存在，汽车突然刹车的时候，人体会向前冲，所以乘客需要时刻系紧安全带。

3. 成为一个满是好奇心和探索欲的人

我们学习科学并不是一定要成为科学家。中小学阶段的学习，能帮我们建构初步的对自然世界的认知。学习科学还可以让我们成为一个对周围的世界永远保持好奇的人，不断地向自己提问，并通过学习寻找问题的答案。

费曼曾经看到表哥在做一道数学题，他的表哥只掌握了一种解题方法，并没有真正地理解代数。但费曼试图用不同的方法来解这道题，不断探索的好奇心还驱使着当时才13岁的费曼去图书馆借阅了《实用微积分》这本书来学习。

一开始费曼的父亲还能够指导费曼学习，但是后来费曼完全超越了父亲。这就是不断求知之后所达到的新的高度。

在移动互联网发达的今天，我们应该比费曼当年有更多、更便捷的渠道来获取信息进行自学，但是如果没有好奇心和探索欲，有再多的信息又有什么意义呢？